—Dra. Elin Riegel—

EL

CONTRATO

DE ÉXITO

Sin Letra Pequeña

Una Perspectiva Nueva del Pacto De Sangre

i

El Contrato de Éxito—Sin Letra Pequeña

Una Perspectiva Nueva del Pacto De Sangre

© Derechos de Autor 2015 -

ISBN (Tapa Blanda o Bolsillo): 978-84-606-5850-4

ISBN (Libro Digital): 978-84-606-5849-8

Published in Spain.

Traducido por 3Lingua CREATIVE Languages, www.3lingua.net

Diseño de Portada, Tipografía y Preparación para Publicación por Palm Tree Publishing: www.palmtreeprodutions.com

Para Distribución Mundial.

1 2 3 4 5 6 / 18 17 16 15

Para contactar con la autora

www.wiministries.com

Dedicación

Dedico este libro a todos mis estudiantes a través de los 18 años pasados, quienes me han hecho realmente excavar esta tremenda revelación, lo cual ha resultado en la enseñanza que tienes en tus manos hoy.

También te dedico este libro a ti, que puede ser que te has convertido recientemente en estudiante de la poderosa Palabra de Dios, para ayudarte a conseguir la seguridad, la autoridad, y el éxito que Dios ha creado en ti desde el principio, de modo que puedes aplicarla, y ser capaz de vivir por ella.

El Contrato de Éxito

Agradecimientos

Reconozco a mi familia quien me ha dado gran apoyo y colaboración. Mi hija Aina Riegel quien se ha puesto manos a la obra en ayudar con la parte práctica de este libro, mi yerno Christopher Andersson por revisar el manuscrito y corregir mi Inglés, y también a mi hija Nina por su ánimo y apoyo.

A mis empleados en World Impact Ministries Spain que han estado tras mío durante años para que escriba un libro sobre este tema.

También gracias a Dr. Keith Johnson por ayudarme a empezar y ponerme en contacto con su excelente editor.

Gracias a mi editora, Angela Rickabaugh Shears por guiarme a través del proceso de edición de una manera eficiente y profesional.

El Contrato de Éxito

Reconocimiento para
El Contrato de Éxito

"¡Guau! Que libro más bueno sobre la importancia de entender PACTO. ¡Yo tengo un contrato de éxito con Dios! Esta es una declaración poderosa, y tienes que leer este libro si en serio quieres tener un impacto significante en el mundo. Tu éxito está garantizado. No tienes que seguir viviendo una vida sin esperanza.

Todo lo que Dios tiene es tuyo por PACTO. Este libro te dará la confianza para seguir hacia adelante para que puedas cumplir con el destino que Dios te ha dado ... El deseo de Dios para tu vida."

Dr. Keith Johnson
El Coach de Confianza #1 de América
www.keithjohnson.tv

Escribir sobre el pacto de Sangre es algo que no se puede intentar sin muchos estudios en el tema, y el conocimiento de cómo manejar el poder y autoridad que lleva. Elin Riegel ha proveído las dos cosas en su nuevo libro ungido, *El Contrato de Éxito*.

La voluntad de Dios para nuestras vidas es nada menos que la victoria total y el éxito completo en todo lo que hacemos para cumplir con Sus propósitos en este mundo. Con el conocimiento del Pacto de Sangre y las aplicaciones prácticas en este libro, los dos están garantizados.

El Pacto de Sangre que tenemos con Dios por Cristo nos asegura que tenemos el respaldo de todos los recursos que Dios tiene para vencer las fuerzas malas y promover el Reino de Dios en la tierra.

Sin el conocimiento de esta revelación, el pueblo de Dios vivirá en un nivel bajo de "modificación de comportamiento" y no en "la fe que vence al mundo"— el ámbito donde las demostraciones del Espíritu y poder son ocurrencias comunes en nuestras vidas. Cuando lees este libro aprenderás porque Cristo tenía la autorización legal para tomar nuestro lugar en el juicio y como nosotros ahora podemos tomar Su lugar como embajadores de reconciliación y liberación a todos los pueblos.

Gracias a Elin por todos los años de estudios y práctica de las verdades del Pacto de Sangre. Todos los que leen este libro encontrarán libertad en la vida diaria, y un recurso grande para hacer discípulos para Jesucristo.

Dr. John Polis

Embajador Internacional, International Coalition of Apostolic Leaders

Fundador/Presidente, Revival Fellowship International

www.rfiusa.org

Contenido

Introducción

Después de más de veinte años de vivir con el Pacto de Sangre en mi vida personal, en servicio, ministerio, y enseñándolo en mis escuelas Bíblicas y La Academia de Líderes, el Señor me ha dicho que ya era tiempo de compartir esta revelación en la forma de un libro.

Es mi ferviente deseo compartir esta tremenda revelación contigo, mi hermano o hermana en el Reino, ya que es revolucionaria y cambia la vida completamente. La comisión de Dios para escribir este libro llevaba con ella un claro mandato para hacer de este "Contrato de Éxito" con Dios, aplicable en nuestra vida diaria.

El Pacto de Sangre Hebreo o contrato - por decirlo así, se oculta a través de las escrituras desde Génesis al Apocalipsis. Debido a que era algo sabido entre la gente en los tiempos bíblicos, los autores de la Biblia lo explican muy poco. El único lugar en el que realmente vemos los detalles específicos es en Génesis 15:1-21, donde Dios hizo un pacto de sangre con Abraham, un contrato de cómo tener éxito – escrito con sangre:

"Y sucedió que puesto el sol, y ya oscurecido, se veía un horno humeando, y una antorcha de fuego que pasaba por entre los animales divididos. En aquel día hizo Jehová un pacto con Abram..."

Génesis 15:17-18

Yo sostengo que es desesperadamente necesario tener mayor revelación para que tu y yo, y la iglesia en general, podamos entender las tremendas implicaciones que el pacto de sangre tiene para nosotros hoy.

Déjame desafiarte: si no entiendes el impacto y los principios del Pacto de Sangre del Antiguo y el Nuevo Testamento, ¿cómo puedes realmente entender la Biblia, la Palabra viva de Dios? Y ¿cómo puedes aplicar y usar estos principios si no los entiendes? Si tu no tienes esta revelación clara como el cristal en tu corazón y tu mente, nunca jamás podrás celebrar y vivir la vida abundante y exitosa que nuestro Señor Jesús te ha preparado.

Después de años de enseñanzas y estudios personales y la escritura del libro *Sanidad y Restauración Emocional*, el libro que sostienes en tus manos es una verdadera culminación de percepciones y experiencias que el Señor ha compartido conmigo - y ahora yo lo comparto contigo.

Introducción

¿Estás listo para cambiar tu vida hacia lo mejor? ¡Comencemos!

Permíteme empezar desde el principio; Debemos construir esta tremenda casa del pacto de sangre sobre un fundamento sólido para que pueda funcionar en tu vida, desde hoy en adelante.

El Contrato de Éxito

Capítulo 1

El Porqué De La Sangre

Permíteme comenzar con un par de preguntas:

- ¿Qué derecho tenía Jesucristo de tomar nuestros pecados y maldiciones sobre su propio cuerpo?

- La Biblia tiene miles de promesas para nosotro ¿Cómo sabemos que son verdaderas y dignas de confianza?

¿Te has hecho estas preguntas alguna vez? Pues, yo si lo hice, desde el principio de mi caminar en el Reino. Soy una persona muy práctica, y yo no podía aceptar las frases en Primera de Pedro 2:24 que dice que Él llevó nuestros pecados y en Gálatas 3:13 donde dice que Él nos redimió de la maldición de la Ley ¿Por qué? ¿Qué le dio el derecho de hacer eso, y cómo puedo saber que es verdad?

Yo sé que Dios es todopoderoso, pero también es justo; Él sigue las reglas que Él establece.

Un ejemplo de esto es que Él nos ha dado, como seres humanos, una voluntad libre. Él nunca va a renegar de eso y hacer que uno haga algo que no quiere hacer. De la misma manera, Él seguirá sus propias reglas cuando se trata de todo lo demás. El decreto de Dios acerca del pecado es que la paga del pecado es muerte (Romanos 6:23), así pues, *yo* debería de haber sido el que colgaba de esa cruz.

Para que Jesús pudiera tomar mis pecados y maldiciones sobre si mismo, tenía que haber algo que le diese *el derecho* de hacerlo. Tenía que haber una manera en que Dios podía dejar que Jesús tomase mis pecados y maldiciones, sin romper Su propia ley.

Y si mis pecados y maldiciones fueron realmente quitadas por Él, yo quería saber dónde, cómo, y en que capítulo y versículo de la Palabra de Dios podía encontrar esa verdad! ¿Sabías que Dios no tiene problema con que nosotros le pidamos este tipo de confirmación? Él se deleita en que sus hijos excaven más profundamente en Su Palabra.

Como verás, Dios me dio todas las respuestas que necesitaba a través de la revelación que estoy a punto de compartir contigo.

¿Qué Es El Pacto de Sangre?

- Un pacto de sangre es un contrato irrompible para el éxito personal.

- Un pacto de sangre, *berit* en hebreo, es un acuerdo extremadamente fuerte entre dos o más partes, donde se derrama sangre como una señal del pacto. La sangre es siempre un símbolo de la vida misma.

- Un pacto de sangre siempre invoca bendiciones y maldiciones. Había y hay bendiciones por honrarlo y maldiciones por romperlo.

- Un pacto de sangre es el acuerdo y lazo más fuerte que fue, es y para siempre será.

- Un pacto de sangre o contrato significaba: Todo lo que una persona era y todo lo que tenía, pertenecía a su amigo de pacto de sangre hasta la muerte de una de las partes interesadas e incluso, más allá de la muerte —se extendía hasta el cuidado de su familia.

- Un pacto de sangre era y es, un asunto muy serio de vida o muerte. Era respetado y honrado por todos los pueblos.

Podemos encontrar 250 referencias a los pactos de sangre o contratos más o menos ocultos, a lo largo de la Biblia. Por ejemplo, Jacob ofreció un pacto sacrificial en el monte y luego llamó a otros a que comieran pan con él (Génesis 31:54). Se hace referencia al pacto de sangre de la Pascua a lo largo de la Biblia y en concreto en Éxodo 12:27, *"Es la víctima de la pascua de Jehová, el cual pasó por encima de las casas de los hijos de Israel en Egipto, cuando hirió a los egipcios, y libró nuestras casas"* En el Nuevo Testamento, tanto Mateo, como Marcos y Lucas dejan constancia de que Jesús habló acerca del poder de Su sangre que sería derramada para todo aquel que cree - Mateo 26:28; Marcos 14:24; Lucas 22:20.

El libro de Hebreos revela la importancia eterna que tiene el *"pacto de sangre"* en conocer la verdad de vivir diariamente dentro de un contrato de éxito con Dios:

De donde ni aun el primer pacto fue instituido sin sangre.

Hebreos 9:18

Diciendo: Esta es la sangre del pacto que Dios os ha mandado.

Hebreos 9:20

¿Cuánto mayor castigo pensáis que merecerá el que pisoteare al Hijo de Dios, y tuviere por inmunda la sangre del pacto en la cual fue santificado, e hiciere afrenta al Espíritu de gracia?

Hebreos 10:29

A Jesús el Mediador del nuevo pacto, y a la sangre rociada que habla mejor que la de Abel.

Hebreos 12:24

Y el Dios de paz que resucitó de los muertos a nuestro Señor Jesucristo, el gran pastor de las ovejas, por la sangre del pacto eterno.

Hebreos 13:20

Echemos un vistazo a algunas otras referencias Bíblicas, donde se pueden encontrar pactos de sangre o contratos más o menos ocultos. Algunos de ellos puede que no los veas como pactos, pero a medida que empecemos a ir a través de los rituales de un pacto de sangre Hebreo, se verán muy claros. Recuerda que cuando la Biblia fue escrita, *todo el mundo* sabía lo que era, y el más pequeño indicio diría al lector que aquí un pacto había sido o estaba siendo cortado.

Y quitó Jehová la aflicción de Job, cuando él hubo orado por sus amigos; y aumentó al doble todas las cosas que habían sido de Job. Y vinieron a él todos sus hermanos y todas sus hermanas, y todos los que antes le habían conocido, y comieron con él pan en su casa, y se condolieron de él, y le consolaron de todo aquel mal que Jehová había traído sobre él; y cada uno de ellos le dio una pieza de dinero y un anillo de oro.

Job 42:10-11

E hicieron pacto Jonatán y David, porque él le amaba como a sí mismo. Y Jonatán se quitó el manto que llevaba, y se lo dio a David, y otras ropas suyas, hasta su espada, su arco y su talabarte.

1 Samuel 18:3-4

Partiendo él de allí, halló a Eliseo hijo de Safat, que araba con doce yuntas delante de sí, y él tenía la última. Y pasando Elías por delante de él, echó sobre él su manto.

1 Reyes 19:19

El Contrato de Éxito

Entonces Melquisedec, rey de Salem y sacerdote
del Dios Altísimo, sacó pan y vino.

Génesis 14:18

Y tomó él todo esto, y los partió por la mitad, y puso cada
mitad una enfrente de la otra; mas no partió las aves.

Génesis 15:10

Así hicieron pacto en Beerseba; y se levantó Abimelec,
y Ficol príncipe de su ejército, y volvieron a tierra de
los filisteos. Y plantó Abraham un árbol tamarisco en
Beerseba, e invocó allí el nombre de Jehová Dios eterno. Y
moró Abraham en tierra de los filisteos muchos días.

Génesis 21:32-34

Ya no os llamaré siervos, porque el siervo no sabe lo que
hace su señor; pero os he llamado amigos, porque todas
las cosas que oí de mi Padre, os las he dado a conocer.

Juan 15:15

Mas no ruego solamente por éstos, sino también por
los que han de creer en mí por la palabra de ellos,
para que todos sean uno; como tú, oh Padre, en mí,
y yo en ti, que también ellos sean uno en nosotros;
para que el mundo crea que tú me enviaste. La
gloria que me diste, yo les he dado, para que sean
uno, así como nosotros somos uno. Yo en ellos, y tú
en mí, para que sean perfectos en unidad, para que

el mundo conozca que tú me enviaste, y que los has
amado a ellos como también a mí me has amado. Padre,
aquellos que me has dado, quiero que donde yo estoy,
también ellos estén conmigo, para que vean mi gloria
que me has dado; porque me has amado desde antes de
la fundación del mundo. Padre justo, el mundo no te ha
conocido, pero yo te he conocido, y éstos han conocido
que tú me enviaste. Y les he dado a conocer tu nombre,
y lo daré a conocer aún, para que el amor con que me
has amado, esté en ellos, y yo en ellos.

Juan 17:20-26

Hallarás este tipo de referencias en aproximadamente más de 240 lugares. ¡Están allí! No sabías de ellas porque no estabas al tanto con lo del pacto de sangre. Pero eso está por cambiar.

Vamos a estudiar un pacto de sangre Hebreo típico del tiempo de la Biblia, como se pueden aplicar hoy día y sus funciones. ¡Pronto podrás entender como su aplicación te dará éxito en tu vida hoy!

¿Quién Inició el Pacto de Sangre?

Para entender quien inició el pacto de sangre debemos comenzar desde el principio. Nos encontramos con el primer pacto de sangre en la Palabra de Dios, allí por el libro de Génesis 3:21, *"Y Jehová Dios hizo al hombre y a su mujer **túnicas de pieles**, y los vistió."* A pesar de que Adán y Eva pecaron contra Dios—al desobedecer cuando comieron del árbol de la ciencia del bien y del mal—Él los arropó.

¿De dónde aparecieron las **"túnicas de pieles"**? Vemos que Dios mismo sacrificó un animal, derramando su sangre para hacer un pacto con la humanidad. Adán y Eva habían pecado, y Dios los perdonó y los cubrió, dándoles protección por un tiempo. Los seres humanos habían "muerto" espiritualmente, así Dios los "cubrió" espiritualmente con la sangre de otro ser viviente.

Hablando bíblicamente, la sangre siempre lleva vida—sin sangre no hay vida.

> *Porque **la vida de la carne en la sangre** está, y yo os la he dado para hacer expiación sobre el altar por vuestras almas; y la misma sangre hará expiación de la persona.*
>
> ***Levítico 17:11***

Entonces, ¿quién inició el pacto? *Dios inició el pacto de sangre, no la humanidad.*

¿Conoces la historia de Caín y Abel revelado en Génesis 4: 9-10? Dios le dijo a Caín que la sangre de Abel clamaba a Él desde la tierra. Para Dios, la vida de Abel estaba todavía en su sangre aún después de la muerte.

Si nos tomamos el pacto de sangre que el Señor hizo con la humanidad, seriamente, conoceremos la vida en abundancia—y el éxito en lo espiritual, físico, relacional, financiero, mental y emocional—será nuestro.

- Espiritualmente vamos a madurar hasta el punto en donde obedecemos a Dios sin preguntas. Como Abraham obedeció cuando Dios le pidió sacrificar a su hijo Isaac sin entender el porque. Él sólo sabía que Dios o tenía que salvar a Isaac o resucitarle de la muerte debido al pacto de sangre que tenía con Dios. A veces Dios nos pide hacer cosas sin explicarnos el porque, y tenemos que estar dispuestos a obedecer con la certeza de que Él nos ama incondicionalmente y quiere lo mejor para nuestras vidas.

> **A veces Dios nos pide hacer cosas sin explicarnos el porque. Espiritualmente vamos a madurar hasta el punto en donde obedecemos a Dios sin preguntas.**

- Físicamente sabremos que por sus llagas *fuimos sanados* "*Mas él herido fue por nuestras rebeliones, molido por nuestros pecados; el castigo de nuestra paz fue sobre él, y por su llaga fuimos nosotros curados*" (Isaías 53:5), y "*quien llevó él mismo nuestros pecados en su cuerpo sobre el madero, para que nosotros, estando muertos a los pecados, vivamos a la justicia; y por cuya herida fuisteis sanados*" (1 Pedro 2:24). Observa que la Palabra de Dios no dice que podríamos ser sanados o tal vez vayamos a ser sanados: dice que fuimos sanados—tiempo pasado del verbo—debemos creer esto—es un pacto de sangre entre nosotros y Jesucristo, nuestro Salvador.

- Podemos saber con certeza que nuestras relaciones podrán ser más fuertes y más abundantemente fructíferas que antes si confiamos en Sus promesas: *"Sean vuestras costumbres sin avaricia, contentos con lo que tenéis ahora; porque él dijo: No te desampararé, ni te dejaré;"* (Hebreos 13:5).

- Financieramente y mentalmente podemos estar seguros de que Dios proveerá para nosotros, siempre, y podemos tener paz sabiendo que Él está en control "Por tanto os digo: ***No os afanéis por vuestra vida***, *qué habéis de comer o qué habéis de beber; ni por vuestro cuerpo, qué habéis de vestir. ¿No es la vida más que el alimento, y el cuerpo más que el vestido? ... ¿Y quién de vosotros podrá, por mucho que se afane, añadir a su estatura un codo? ...No os afanéis, pues, ...pero vuestro Padre celestial sabe que tenéis necesidad de todas estas cosas."* (Mateo 6:25-32).

- Emocionalmente, se nos da el poder de controlar situaciones y emociones que normalmente serían demasiado comprometedoras de enfrentar. Al saber que el Espíritu Santo habita en nosotros y permitir que él guíe nuestras reacciones, podemos ser ejemplos luminosos, de la gracia y misericordia de Dios para los demás, especialmente para los incrédulos. *"Pero tú eres Dios que perdonas, clemente y piadoso, tardo para la ira, y grande en misericordia, porque no los abandonaste."* (Nehemías 9:17). *"pero recibiréis poder, cuando haya venido sobre vosotros el Espíritu Santo, y me seréis testigos ..."* (Hechos 1:8).

El Contrato Hebreo de Éxito Con Dios

La gente en los tiempos bíblicos no utilizaban contratos o acuerdos de negocios por escrito; más bien, usaban promesas hechas en presencia de testigos. Tenían que ser por lo menos dos testigos, y tenían que ser varones judíos, mayores de 20 años. Las mujeres, los sordos, los locos, los ciegos, los familiares y los esclavos no eran aceptados como testigos.

En el caso de contratos contraídos, los testigos eran por lo general los ancianos. Los ancianos eran el organismo de consulta de la ciudad o de la nación, y celebraban sus reuniones cerca de la puerta de la ciudad, en una plaza situada junto a la puerta.[1] La puerta era el centro de negocios de la ciudad, donde se llevaban a cabo todas las transacciones comerciales y pleitos legales.

Muchas veces se utilizaba una señal entre dos hombres tal como un apretón de manos o el quitarse y entregarle al otro el zapato.

No seas de aquellos que se comprometen, Ni de
los que salen por fiadores de deudas.

Proverbios 22:26

"Comprometen" en este versículo es "dar un apretón de mano"

Había ya desde hacía tiempo esta costumbre en Israel tocante a la redención y al contrato, que para la confirmación de cualquier negocio, el uno se quitaba el zapato y lo daba a su compañero; y esto servía de testimonio en Israel.

Rut 4:7

La violación de un contrato verbal significaba una traición a la buena fe o un abuso de confianza. La persona perdería su buen nombre y sobre él se proclamaría: "El que castigó la generación del Diluvio y de la Dispersión demandará pago de aquel que no cumple con su Palabra."[2]

Es por esto que la Biblia habla acerca de la importancia de tener un "buen nombre." Para nosotros es beneficioso tener un buen nombre, pero en la época bíblica era esencial. El valor del nombre determinaba las ofertas de negocio que uno podía obtener.

De más estima es el buen nombre que las muchas riquezas, Y la buena fama más que la plata y el oro.

Proverbios 22:1

Mejor es la buena fama que el buen ungüento; y mejor el día de la muerte que el día del nacimiento.

Eclesiastés 7:1

El valor de su nombre, su honestidad e integridad era lo que contaba.

Por ejemplo, cuando Moisés sacó a los israelitas de Egipto, asumió el papel de líder, que incluía el solucionar controversias entre cientos de miles de personas. Su suegro, Jetro, al ver el efecto negativo que esta responsabilidad pesaba sobre Moisés, le preguntó *"¿Qué es esto que haces tú con el pueblo? ¿Por qué te sientas tú solo, y todo el pueblo está delante de ti desde la mañana hasta la tarde?"* Y Moisés respondió a su suegro, *"Porque el pueblo viene a mí para consultar a Dios. Cuando tienen asuntos, vienen a mí; y yo juzgo entre el uno y el otro, y declaro las ordenanzas de Dios y sus leyes."* (Éxodo 18:14-16).

Entonces Jetro ofreció una sugerencia espléndida a Moisés, *"...escoge tú de entre todo el pueblo varones de virtud, temerosos de Dios, varones de verdad, que aborrezcan la avaricia; y ponlos sobre el pueblo por jefes de millares, de centenas, de cincuenta y de diez. Ellos juzgarán al pueblo en todo tiempo; y todo asunto grave lo traerán a ti, y ellos juzgarán... Si esto hicieres, y Dios te lo mandare, tú podrás sostenerte, y también todo este pueblo irá en paz a su lugar."* (Éxodo 18:21-23).

Un pacto de sangre es un asunto serio. Especialmente los cristianos deben de ser conscientes de la importancia que tiene el entrar en cualquier pacto.

Los contratos de cualquier tipo que tienen éxito están sellados por la "buena fe" entre dos personas, organizaciones, ministerios, etc. Pactos de sangre, tomados seriamente, son compromisos profundos que afectan a los implicados inicialmente, y también pueden afectar a las generaciones que siguen. Especialmente los cristianos deben de ser conscientes de la importancia que tiene el entrar en cualquier pacto. Es vital que sepamos todo lo que hay que saber acerca de la otra persona, organización, ministerio, etc., antes de comprometerse de alguna forma. "Debida Diligencia" es cuando nos tomamos el tiempo para investigar y analizar a una persona, empresa u organización en preparación para realizar una transacción.

Regresando al consejo de Jetro, Dios nos manda a elegir con cuidado a aquellos con quienes hacemos negocio, seleccionando sólo *"varones* [y mujeres] *de virtud, temerosos de Dios, varones* [y mujeres] *de verdad, que aborrezcan la avaricia."* Personas capaces son los que tienen la capacidad para exitosamente llevar el asunto a cabo, honrando su palabra y su compromiso; personas que temen a Dios conocen sus prioridades y establecen a Dios por encima de los detalles de la vida y se enfocan en la voluntad y el plan de Dios; los veraces son los que no venderán su integridad y de ninguna manera se asocian con el padre de las mentiras, Satanás; gente que aborrezca la avaricia no son codiciosos, materialistas, o envidiosos. En el mundo de gratificación instantánea de hoy, nos tomará algún tiempo y esfuerzo extra para hallar a los que *"aborrezcan la avaricia."*

Echemos un vistazo hacia atrás al pacto de sangre inicial y cómo sigue obrando en millones de vidas, aún siglos después del primer acto de misericordia de Dios hacia Sus hijos.

Beneficios del Pacto de Sangre

¿Por qué que es tan importante entender como un pacto de sangre funciona hoy día? Las siguientes son sólo algunas de las razones:

- Para comprender la Palabra de Dios. Hay tantas cosas en la Biblia que parecen extrañas sin esta revelación. Las pequeñas frases que nunca entendiste ahora tendrán sentido.

- Para comprender cuales son tus derechos como un hijo de Dios. Muchos Cristianos viven una vida inferior, cuando Dios les ha dado Su *todo* para que nosotros lo tuviésemos todo mediante nuestro pacto con El.

- Comprender por qué el matrimonio es tan especial.

- Comprender porque el tener varias parejas íntimas afecta la vida de las personas.

- Y muchas más ...

Además del regalo más magnánimo de todos – nuestra Salvación Eterna, el pacto de sangre que tiene Dios con nosotros tiene otros beneficios. A través del sacrificio de Jesús tenemos la libertad, la sanidad y la restauración. El centro de este ministerio (World Impact Ministries) no es echar fuera demonios, sino que cerremos las puertas para que no puedan entrar. Nos centramos en la sanidad de los quebrantados de corazón declarando la libertad a quienes están sometidos al abuso y al mal uso en todas sus formas viles. Mucha gente ha tenido experiencias malas con diferentes ministerios que ministran liberación, pero Dios nos ha mostrado una manera suave, dulce y bonita de ministrar a la gente.

A lo largo del libro, vamos a hablar con más detalle sobre los beneficios del Nuevo Pacto de Sangre y cómo puedes reclamar sus promesas y beneficios para ti mismo y para tus seres queridos. Cuando te comprometes con Dios, tu contrato personalizado de éxito te conduce a una vida llena de paz, gozo, belleza, seguridad, auto-aceptación, amor para el prójimo, buena salud, una naturaleza de perdón, de hermosura, y de libertad. Pero no te fíes de mi palabra únicamente—fíate de la Palabra de Dios—toda verdad se confirma en la Biblia.

¿Entonces, por qué de la sangre como el título del capítulo pregunta? Porque hay vida en la sangre, y tu naciste en este mundo en este momento en particular, en tu lugar especial para vivir y amar y compartir las buenas nuevas de Dios. Serás como un árbol plantado junto a ríos de agua viva, que da buen fruto a su tiempo, cuyas hojas no caen y todo lo que hagas prosperará. (Salmo 1:3).

En el Antiguo Pacto de Sangre leemos, *"Porque la vida de la carne en la sangre está, y yo os la he dado para hacer expiación sobre el altar por vuestras almas; y la misma sangre hará expiación de la persona"* (Levítico 17:11). En el Nuevo Pacto de Sangre, Jesús dice, *"El que come mi carne y bebe mi sangre, tiene vida eterna; y yo le resucitaré en el día postrero."* (Juan 6:54) ¡Aleluya!

Notas Finales

1. www.jewishvirtuallibrary.org
2. www.jewishvirtuallibrary.org

El Contrato de Éxito

Capítulo 2

Tipos de Pactos de sangre

En la época de los Hebreos, contando 4,000 años del Antiguo Testamento hasta el nacimiento de Jesús, nos encontramos con tres diferente tipos de pactos sangre:

1. Entre Dios y un ser humano o un grupo de seres humanos

2. Entre dos personas

3. Entre un líder y un pueblo

Un pacto de sangre normalmente se cortaba entre una parte fuerte y otra más débil. La más débil necesitaba la protección de la más fuerte, la más fuerte normalmente quería algo que la más débil tenía, como dinero, propiedad, o talentos. Curiosamente, algunas veces vemos en la Escritura que hay derramamiento de sangre, pero no siempre.

1. Como ejemplos de pactos entre Dios y una persona, hay varios bien conocidos:

- En Génesis 2:16-17 **entre Dios y Adán**, *"Y mandó Jehová Dios al hombre, diciendo: De todo árbol del huerto podrás comer; mas del árbol de la ciencia del bien y del mal no comerás; porque el día que de él comieres, ciertamente morirás."*

- En Génesis 9:1-17 **entre Dios y Noé:**, *"Bendijo Dios a Noé y a sus hijos, y les dijo:... Porque ciertamente demandaré la sangre de vuestras vidas;... He aquí que yo establezco mi pacto con vosotros, y con vuestros descendientes después de vosotros;... Mi arco he puesto en las nubes, el cual será por señal del pacto entre mí y la tierra... Esta es la señal del pacto que he establecido entre mí y toda carne que está sobre la tierra.*

- En Génesis 15:8-21 **entre Dios y Abraham**: *"...En aquel día hizo Jehová un pacto con Abram, diciendo: A tu descendencia daré esta tierra...."(v.18)* (También en Génesis 12:1-3.)

- En Génesis 28:13-22 **entre Dios e Isaac**: *"Y he aquí, Jehová estaba en lo alto de ella, el cual dijo: Yo soy Jehová, el Dios de Abraham tu padre, y el Dios de Isaac; la tierra en que estás acostado te la daré a ti y a tu descendencia....'"*

- En Éxodo 24:1-9 **entre Dios y Moisés**: *"Dijo Jehová a Moisés: Sube ante Jehová, tú, y Aarón, ... y os inclinaréis* *desde lejos…Entonces Moisés tomó la sangre y roció sobre el pueblo, y dijo: He aquí la sangre del pacto que Jehová ha hecho con vosotros sobre todas estas cosas."*

- En Salmo 89:3-4,28-29,34 y 37, **entre Dios y David**: *"Hice pacto con mi escogido; Juré a David mi siervo…. Para siempre le conservaré mi misericordia, Y mi pacto será firme con él…. No olvidaré mi pacto, Ni mudaré lo que ha salido de mis labios.Como la luna será firme para siempre, Y como un testigo fiel en el cielo"*

2. Como ejemplos de un pacto de sangre entre dos hombres, hay varios:

- En 1 Samuel 18:3-5, **entre David y Jonatán:** *"E hicieron pacto Jonatán y David, porque él le amaba como a sí mismo.Y Jonatán se quitó el manto que llevaba, y se lo dio a David, y otras ropas suyas, hasta su espada, su arco y su talabarte."*

- En 1 Reyes 19:19-21, **entre Elías y Eliseo:** *"Partiendo él de allí, halló a Eliseo hijo de Safat, que araba con doce yuntas delante de sí, y él tenía la última. Y pasando Elías por delante de él, echó sobre él su manto. Entonces dejando él los bueyes, vino corriendo en pos de Elías, y dijo: Te ruego que me dejes besar a mi padre y a mi madre, y luego te seguiré. Y él le dijo: Ve, vuelve; ¿qué te he hecho yo? Y se volvió, y tomó un par de bueyes y los mató, y con el arado de los bueyes coció la carne, y la dio al pueblo para que comiesen. Después se levantó y fue tras Elías, y le servía"*

- También voy a hablar de un pacto de sangre en Job 41 y 42, entre Job y sus amigos que renuevan sus votos.

3. También hallamos pactos entre un líder y su pueblo:

- En Josué 24:1-28 **entre Josué y el pueblo de Israel:** *"Reunió Josué a todas las tribus de Israel en Siquem, y llamó a los ancianos de Israel.... Y el pueblo respondió a Josué: A Jehová nuestro Dios serviremos, y a su voz obedeceremos' Entonces Josué hizo pacto con el pueblo el mismo día, y les dio estatutos y leyes en Siquem....."*

- En Esdras 10:30 **entre Esdras y el pueblo de Israel:** *"Ahora, pues, hagamos pacto con nuestro Dios, que despediremos a todas las mujeres y los nacidos de ellas, según el consejo de mi señor y de los que temen el mandamiento de nuestro Dios; y hágase conforme a la ley.."*

- En 2 Reyes 23:3 **entre Josías y el pueblo de Israel:** *"Y poniéndose el rey en pie junto a la columna, hizo pacto delante de Jehová, de que irían en pos de Jehová, y guardarían sus mandamientos, sus testimonios y sus estatutos, con todo el corazón y con toda el alma, y que cumplirían las palabras del pacto que estaban escritas en aquel libro. Y todo el pueblo confirmó el pacto"*

- En 2 Crónicas 29:10 **entre Ezequías y el pueblo de Israel:** *"Ahora, pues, yo he determinado hacer pacto* *con Jehová el Dios de Israel, para que aparte de nosotros el ardor de su ira."*

Después de estudiar los rituales del pacto de sangre, vamos a volver a un par de estos ejemplos bíblicos. Sin entender los rituales, los ejemplos no tienen mucho sentido.

Estos son algunos de los pactos de sangre del Antiguo Testamento. Los pactos de sangre del Nuevo Testamento y la obra del Señor Jesús se explican en el capítulo 8.

Pactos De Sangre Hoy

Aunque no es tan frecuente hoy en día como en épocas anteriores, hubo diferentes tipos de pactos de sangre en todo el mundo a lo largo de los siglos, incluso hasta hoy. Hay pactos genuinos y pactos que se han pervertido en actos corruptos.

Por ejemplo, cada vez que una nueva tribu se descubre en el mundo, nos enteramos de que practican una forma de un pacto de sangre. Las tribus primitivas de África, América del Sur, y la India que se han descubierto, sin haber tenido contacto alguno con la civilización, han estado practicando formas de los rituales del pacto de sangre, incluyendo beber sangre o cortándose unos a otros hasta hacer que la sangre fluya, etc.

En todo el mundo actual también hay sacrificios de sangre satánicos y rituales que implican el descuartizamiento de los animales y cosas peores. Estas son perversiones del pacto de sangre bíblico.

Los misioneros deberían recibir el reconocimiento merecido por traer la Palabra del Nuevo Testamento de Dios a las naciones donde el sacrificio humano de hombres, mujeres y niños eran y algunas veces es aún, algo común. Muchos misioneros arriesgaron sus vidas para parar los brutales asesinatos de inocentes haciendo que el resplandor de la luz del Señor brillara sobre las creencias oscuras y siniestras basadas en el temor tratando de satisfacer los apetitos sanguinarios de los dioses. Un misionero escocés, el Dr. Livingston, sobrevivió en los lugares más profundos de África por medio de cortar pactos de sangre con diferentes tribus poderosas. Ya daré más detalles sobre esto más adelante.

Probablemente hayas oído la frase "hermano de sangre". Hace unas décadas – antes de la epidemia del SIDA y el Ébola – los chicos inocentemente se pinchaban los dedos para producir una gota de sangre y así la "mezclaban" con la sangre de un amigo, haciéndolos hermanos o hermanas de sangre. Todo proviene de la misma fuente, ya sea que se tome en serio por una tribu o un grupo de adultos o como un juego de niños.

¿Hay otros ejemplos de pactos de sangre en la actualidad? Sí, déjame darte un ejemplo.

Uno de los lugares donde hallamos pactos de sangre hoy día es dentro de los grupos italianos y chinos de la Mafia en los Estados Unidos. Se le llama "omertá" y es una juramento de sangre, un código de silencio para nunca revelar las actividades "de la familia" a las autoridades. Esto ha provocado un montón de problemas para la policía cuando se trata de traer personas a juicio.

En octubre del 2014, la "familia" mafiosa Cosa Nostra fue arrestada porque después de más de 100 años de protección por parte de la omertá. Alguien había hablado, y 127 líderes mafiosos fueron arrestados en gran medida basados en los testimonios de los informantes.[1] Será interesante ver lo que pasará con estos informantes. Dependerá de lo que se acordó cuando fueron iniciados en el juramento de sangre.

Ves, el pacto de sangre es un pacto tan poderoso, que aún hoy día produce los resultados que se hayan acordado entre los grupos. ¡Está obrando espiritualmente y prácticamente!

Los pactos de sangre son tan poderosos que funcionan de ambas maneras, espiritual y prácticamente

Un ejemplo de esto: Un agente de la CIA se puso a trabajar de incógnito con la Mafia. Él no podía ser aceptado dentro de la familia sin cortar un pacto de sangre con ellos. Ellos mezclaban parte de su sangre con la sangre de un miembro de la familia en una taza de agua y ambos bebían pronunciando una maldición. Si él traicionaba a la familia iba a morir una muerte horrible de la garganta y la lengua. Obviamente este agente informó a la CIA de todo lo que se enteró, y la familia fue arrestada, juzgada y castigada. ¿Qué pasó con el agente? Le sobrevino un cáncer de la garganta que se extendió a la lengua lo cual resultó en su muerte.[2]

¡Esto sucedió de veras!

Las personas que han ido a la policía con información sobre el grupo han muerto de cáncer de garganta. ¡Un pacto de sangre es un asunto muy serio! Otro ejemplo es el de Tommaso Buscetta de la Mafia Italiana. Fue el primer jefe de la Mafia que se convirtió en informante, y murió de cáncer.[3]

Algunas de las bandas callejeras de las zonas pobres de la ciudad hoy día requieren de los miembros nuevos el derramamiento de sangre – ya sea la suya o la de otro - como una señal de lealtad. Incluso algunos rituales de "novatadas" en las universidades y colegios implican el derramamiento de sangre como parte de un compromiso de un individuo en nombre de la fraternidad.

Examinaremos los nueve rituales hebreos en el capítulo siguiente, que forman la base para el fundamento sólido que estamos asentando para nuestra vida de abundancia. Vamos a ver la importancia de comprender como funcionan los pactos divinos en la actualidad.

Notas Finales

1. http://www.dailymaverick.co.za/article/2011-01-22-the-new-york-mafias-very-bad-day-at-work/#.VEpVSkuYWb8 visitada 22 de octubre 2014.

2. A. B. Palanca, *Y Dios dijo* ... (Xulon Press, 2007). Capítulo 17 "El Plan de Redención"

3. http://elpais.com/diario/2000/04/05/internacional/954885611_850215.html, consultado 22 de octubre 2014;http://www.nytimes.com/2000/04/06/world/tommaso-buscetta-71-dies-first-italian-mafia-informer.html; visitada 22 de octubre 2014.

El Contrato de Éxito

Capítulo 3

Los Nueve Rituales Hebreos[1]

A hora vamos a examinar los nueve rituales tradicionales y el simbolismo de un pacto de sangre hebreo.

La gente en los tiempos bíblicos sabía exactamente lo que implicaba un pacto de sangre, así que no había necesidad de explicárselo en detalle. En consecuencia, el único lugar donde aparece claramente en la Palabra de Dios es en Génesis 15, donde hallamos la realización del pacto entre Dios y Abraham.

> *Después de estas cosas vino la palabra de Jehová a Abram en visión, diciendo: No temas, Abram; yo soy tu escudo, y tu galardón será sobremanera grande" ...Y sucedió que puesto el sol, y ya oscurecido, se veía un horno humeando, y una antorcha de fuego que pasaba por entre los animales divididos. En aquel día hizo Jehová un pacto con Abram,...*
>
> **Génesis 15:1,17-18**

Hoy en día, muy pocos cristianos entienden el ritual revelado en Génesis 15: 9-17 y la forma en que fue ejecutado, pero creo que es extremadamente crítico para los hijos de Dios el reconocer su importancia para que podamos entender la Palabra de Dios. Este pacto de sangre es lo que le dio a Jesús el derecho de actuar en nuestro nombre. Pido que tengas en cuenta a Jesús, al examinar los diferentes rituales más comunes de un pacto de sangre hebreo.

Los Rituales Típicos De Un Pacto De Sangre Hebreo

Ritual 1: Derramamiento de Sangre Pura
Génesis 15:9-10

Era necesario preparar animales puros de una manera especial. Eran *partidos en dos mitades, desde el pescuezo hasta la cola.* Este era el partir sacrificatorio de animales puros, como lo eran la novilla de tres años de edad, la cabra de tres años, el carnero de tres años de edad, la tórtola, y la paloma joven que se mencionan en Génesis 15: 9.

Se colocaban las dos mitades, cada parte con dos piernas, espalda a espalda con las piernas apuntando hacia el exterior, y dejando un espacio para caminar entre la dos partes de los animales, haciendo una figura horizontal en forma de un ocho.

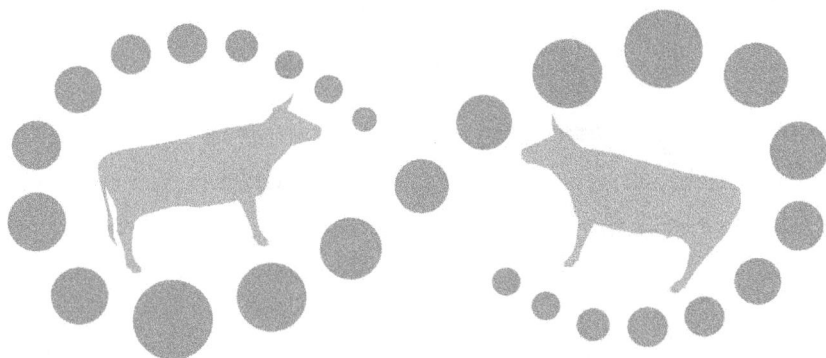

Las aves puras, como la paloma no se cortaban de esta manera, pero eran sacrificadas y colocadas de la misma forma. Había mucho derramamiento de sangre en esta preparación.

La figura horizontal en forma de ocho, o dos anillos conectados lado a lado, es el símbolo de la eternidad. Las dos partes haciendo el pacto entonces se colocaban espalda a espalda en el centro de la figura en forma de ocho, adonde los dos círculos se unen, en medio de todos los animales sangrientos. Comenzaban como dos individuos, espalda a espalda y cada uno de ellos caminaba su mitad, o sea - un círculo de la figura de ocho, reuniéndose nuevamente y cara a cara en el centro.

Ahora comenzaban el proceso de convertirse en uno, y amigos de pacto de sangre.

Ritual 2:
Mezcla de Sangre

De pie y cara a cara en el centro, después de que cada uno había caminado su círculo en el símbolo eterno del ocho, *levantaban su mano derecha y hacían un corte hasta hacer que la sangre fluyera en la mano o en la muñeca.*

Entonces se agarraban de la mano derecha el uno al otro uniendo las dos heridas abiertas, y así "mezclando" sus sangres.

Esto significaba que habían dejado de ser dos personas *y ahora estaban en el proceso de convertirse en un hombre.* La mano derecha representa la mano de la autoridad.

Los dos hombres se miraban a sí mismos como siendo una persona - amigos en el pacto de sangre hasta la muerte.

Ritual 3:
Intercambio del Manto

1 Reyes 19:16-19

"Te doy todo lo que soy y todo lo que tengo, y tu me das todo lo que tu eres y todo lo que tu tienes ".

El manto o capa de un hombre significaba la identidad de la persona misma. El intercambio de una capa, o manto, quería decir: "Te doy todo lo que *soy* y todo lo que *tengo,* y tu me das todo lo que *tu eres* y todo lo que *tu tienes ".*

Encontramos historias de intercambio de mantos a lo largo de la Biblia. ¿Sabías lo que significaba? 1 Reyes 19:16-19 nos da un excelente ejemplo.

Dios le dijo a Elías el profeta que ungiese a Eliseo en su lugar. Cuando Elías arrojó su manto sobre Eliseo, el joven Eliseo inmediatamente entendió lo que quería decir con esto. Sacrificó el par de bueyes con los cuales araba, usando el yugo de madera para quemarlos. Los animales fueron partidos - sangre fue derramada - ofrendados e inmolados, todas las señales de un pacto de sangre "escondido a plena vista".

Eliseo comprendió que ***todo*** *lo que Elías era y* ***todo*** *lo que tenía, su vocación y su unción como un profeta, ¡se la estaba entregando a él en ese momento!* Se levantó del sacrificio y de inmediato dejó su antigua vida como un heredero próspero, para seguir y servir a Elías durante el resto de su vida.

Cuando más tarde Dios llevó a Elías al cielo ante los ojos de Eliseo, *El manto de Elías* cayó sobre Eliseo, quien lo tomó y comenzó su ministerio como profeta con una porción doble de la unción que había tenido Elías.

Después de que examinemos los nueve rituales, te animo a que leas las historias de la Biblia a las cuales se hace referencia en este capítulo, para ver que más hay por descubrir bajo la guía del Espíritu Santo.

Ritual 4:
Intercambio de Cinturones/Talabartes

1 Samuel 18:4

Los varones en los tiempos bíblicos no usaban cinturones para sujetarse los pantalones.

Utilizaban talabartes alrededor de su cintura, que también se utilizaban para llevar espadas, cuchillos, etc. Este intercambio significa claramente *protección*, diciendo: "te voy a defender hasta la muerte, y cualquier persona que te ataca, me está atacando a mí. Voy a dar mi vida por ti si es necesario".

Ritual 5:
Intercambio de Nombres

Cuando se mezclaba la sangre, sus nombres se cambiaban también. Un ejemplo de la Biblia se encuentra en Génesis 17:5 cuando Jehová dio a Abram las letras "ah", y cambió su nombre por el de Abra*h*am. Esto también cambió el significado de su nombre por el de "padre de multitudes". Dios cambió el nombre de la esposa de Abraham de Sarai a Sarah, el intercambio de una "i" por una "h".

En muchos países en el mundo, aún hoy, cuando una mujer se casa, ella cambia su apellido por el apellido de su marido. El matrimonio como institución es un pacto de sangre desde el principio. La norma desde la antigüedad era que dos vírgenes se casaban y la sangre se derramaba la primera vez que se unían íntimamente. La Biblia y nuestros rituales matrimoniales aún proclaman que el hombre y la mujer que habían sido dos individuos se convierten en *una sola carne* a través del matrimonio.

¡El lenguaje del pacto de sangre! Cuando dos personas se casan, Dios dice con razón en Su Palabra, que el matrimonio es un pacto indisoluble y eterno.

La costumbre moderna de cambiar maridos y esposas e incluso tener compañeros fuera del matrimonio, tiene una gran cantidad de implicaciones espirituales y muchas veces da lugar a cargas reales y agobiantes para todas las personas implicadas, incluso para los niños. Voy a explicar esto con más detalle en el Capítulo 11.

El intercambio de nombres significa que dos personas forman parte de la vida el uno del otro.

Ritual 6:
Tratamiento de la Herida

Era importante tener una verificación del pacto de sangre.

Para evitar que la cicatriz del corte del pacto de sangre desapareciera, se trataban las heridas con cenizas o pintura.

De esta manera siempre serían capaces de mostrar una verificación del pacto de sangre y de que tenían un amigo de pacto de sangre, un amigo que estaba dispuesto a protegerlo con su vida.

Tal vez hayas oído hablar de "Stanley y Livingstone." El Dr. David Livingstone era un médico misionero escocés comprometido a hacer la voluntad de Dios en África. Cuando Livingstone desapareció, el periodista Henry Stanley fue enviado a buscarlo, y al hacerlo, pronunció el saludo bien conocido de: "Doctor Livingstone, supongo?"

Ninguno de los misioneros hasta este punto - a mediados del 1840 - habían sido capaces de sobrevivir a las tribus feroces que mataban a cualquiera que entrase en su territorio. El Dr. Livingstone se propuso encontrar la fuente del Nilo y comenzó a penetrar en los territorios desconocidos de África. Otras personas que habían tratado esto habían muerto, ya sea a causa de enfermedades o a manos de las tribus hostiles.

He leído que el Dr. Livingstone aprendió acerca de los pactos de sangre, y ese conocimiento fue lo que lo mantuvo sano y salvo. Él quería protección; ellos probablemente consiguieron regalos y otras cosas de Europa. Dr. Livingstone cortó pactos de sangre con al menos 50 tribus; cuando alguien lo atacaba, lo único que tenía que hacer era mostrar sus cicatrices de los pactos de sangre y el atacante se detenía. Las tribus sabían que si ellos perjudicaban a este hombre, tendrían que vérselas con todas las tribus con las cuales este hombre tenía un pacto. Nadie se atrevía a hacerle daño, él tenía demasiados amigos poderosos. Él y su compañero explorador Henry Stanley declaró más tarde que nunca habían visto un pacto de sangre roto.[2]

Ritual 7:
Proclamación en Presencia de Testigos

Cada pacto de sangre trae con él, bendiciones y maldiciones. Las bendiciones por honrarlo y las maldiciones por romperlo.

Estas bendiciones y maldiciones se proclamaban en alta voz delante de testigos. Por ejemplo: *"Si muero, te harás cargo de mis hijos y mi familia. A partir de este día eres responsable de mí. Si tengo un problema, yo no tengo que pedirte ayuda, yo te daré mis problemas y espero que tu los soluciones. **Todo lo que tienes es mío y todo lo que tengo es tuyo!** "*

Si un hombre rompió un pacto de sangre, había firmado su propia sentencia de muerte. Era tan vergonzoso el romper el enlace del pacto, violando el honor de su nombre y el de su familia, de tal manera que su propia familia trataría de matarlo. Romper un pacto de sangre significaba la pérdida total de honor para él y su familia.

¿Te pica la curiosidad acerca de cómo Jesús tenía el derecho de tomar nuestros pecados y maldiciones? ¿Él, que era totalmente inocente? Sigue leyendo, mi amigo.

Ritual 8:
Comida y Regalos del Pacto de Sangre

Siempre había una comida tras el acuerdo de un pacto de sangre. El comer juntos era algo muy importante y serio. Una persona no invitaba a cualquiera a comer a su casa, porque eso significaba que él lo invitaba como *amigo* y podría quedarse en su casa durante bastante tiempo, lo cual era la costumbre en los tiempos bíblicos.

La comida del pacto de sangre consistía en al menos pan, vino y sal.

La sal era para preservar (cuidar), el pan era y sigue siendo un símbolo del cuerpo humano, y el vino era y sigue siendo el símbolo de la sangre y la vida.

Los amigos del pacto de sangre dirían algo como: *"Rompo este pan que simboliza mi cuerpo y te lo doy a ti, y te doy este vino como un símbolo de mi sangre de vida, una vida que ahora te pertenece a ti para siempre."*

¿Te suena familiar?

Los dos amigos del pacto de sangre eran ahora un cuerpo, una sola carne.

Intercambio de Regalos

Las dos partes se intercambiaban regalos, a menudo hechos de oro y plata, lo cual confirmaba el pacto.

Un regalo típico era un anillo de oro o de plata, lo que representaba el pacto eterno de la amistad, sin principio ni fin, para usar en la nariz o en el dedo. (los hippies y punks de los años 60 no inventaron los aretes en la nariz, fueron usados hace miles de años.)

Ritual 9:
Construcción de un Altar
Génesis 21:33

Después de que todo estaba dicho y hecho, las dos partes del pacto y sus familias construían un altar como un memorial del pacto de sangre que acaban de cortar. Podía ser un altar de piedras salpicadas con sangre de los sacrificios, o *podían plantar un árbol y rociarlo con sangre.*

El árbol es un símbolo de un ser humano a lo largo de la Biblia. A través de mis estudios de la Biblia y la enseñanza del Espíritu Santo, he encontrado que la regla principal de la interpretación de la Palabra de Dios es que la Biblia siempre interpreta la Biblia. Si encuentras una cosa simbolizando algo en el libro del Génesis, o en dos o tres lugares más, encontrarás

La Biblia siempre interpreta la Biblia.

que tiene el mismo significado a través de toda la Biblia. Por ejemplo, *estrellas* se utiliza para *una multitud* (Deuteronomio 1:10, 10:22; Génesis 15:5; Nehemías 9:23)). *Arena* se utiliza para *innumerable* (Josué 11:4; Jueces 7:12; Primero Samuel 13:5; Primero Reyes 4:29; Salmo 139:18).

Este último ritual era la proclamación de dos seres humanos cortando un pacto de sangre, el rociar la sangre significaba que ellos estaban dispuestos a entregar su vida el uno por el otro.

A partir de ahora en adelante se harían llamar amigos.

¿Te estás animando? Yo estoy emocionada de poder compartir contigo la importancia de los pactos de sangre, y la forma en que te guían a tu contrato para el éxito personal.

Ahora hemos visto los nueve rituales comunes del pacto de sangre hebraico. Es posible que empieces a ver a nuestro Señor Jesús, y con la ayuda del Espíritu Santo y un poco más de explicación, podrás recibir esta revelación aún más claramente.

A continuación vamos a explorar el pacto de sangre entre Dios y Abram, más profundamente. Adelante!

Notas Finales

1. Sten Nilson, *Blodspakten* (El Pacto de Sangre).
2. Cathy Jackson, *Una invitación permanente: La llave al Corazón de Dios* (Xulon Press, 2010).

Capítulo 4

El Pacto entre Dios y Abraham

E s en Génesis 12: 1-3, donde primeramente oímos acerca de un pacto entre Dios y Abram. Yo creo que debe haber sido un poderoso incidente y llamado de Dios el cual convenció a Abram, dándole la fe necesaria para dejar su familia y su vida cómoda.

Abram vivía en una ciudad próspera, Ur, en Caldea, que se hallaba en la Babilonia pagana. Caldea contenía riquezas más allá de la imaginación, y Ur era la más rica de sus ciudades. Hoy Ur está en Irak, a unos 160 kilómetros (unas 100 millas) al noroeste de la frontera con Kuwait. En el tiempo de Abram, los arqueólogos estiman que alrededor de 24.000 personas vivían en Ur. Tenía una cultura muy avanzada con el núcleo de población lleno de escuelas, bibliotecas y plazas, y muchas personas eran muy prósperas. Abram era un miembro de una familia adinerada; su padre era un joyero que fabricaba y vendía imágenes de oro y plata. Abram y su familia probablemente vivían, como era normal en Ur, en una casa de dos o tres pisos con fontanería interior y cuartos de baño, rodeado de exuberantes jardines. Sin embargo, ¡Abram dejó toda esta comodidad para salir al desierto y vivir en una tienda de campaña!

No sabemos qué tipo de encuentro divino hizo que abandonase y dejase todo esto atrás, pero debe de haber sido algo muy poderoso! Abram debe de haberse encontrado con Dios cara a cara o por lo menos de una manera que totalmente lo sacó de su zona de confort.

Abram se llevó con él a su esposa Sarai, su padre, su sobrino, y muchos sirvientes y animales. Salió de la ciudad de Ur, y él ni siquiera sabía a dónde iba.

Estoy eternamente agradecida por la obediencia de Abram y por la provisión de Dios de este hombre de fe. Abram era parte del plan de Dios para el rescate final para la humanidad, y. Dios habló a todos Sus profetas del Antiguo Testamento con una voz audible. Vemos más tarde que Abram era uno de esos profetas.

Cuando primeramente nos encontramos con Abram y su familia, vemos a Dios estableciendo un pacto con él, y dando varias promesas en Génesis 12:1-3:

Pero Jehová había dicho a Abram: Vete de tu tierra y de tu

parentela, y de la casa de tu padre, a la tierra que te mostraré.

El Pacto entre Dios y Abraham

"Y haré de ti una nación grande" (un gran pueblo, multitudes). Abram aún no tenía hijos. Su esposa, Sarai, era estéril, por lo que parecía un poco difícil.

"te bendeciré" (Espiritualmente y naturalmente).

Más adelante veremos una extensión de este pacto en que Dios inicia un pacto de sangre con Abram.

"engrandeceré tu nombre" (exaltaré tu nombre).

"serás bendición" (para muchos).

***"Bendeciré a los que te bendijeren y a los que te maldijeren maldeciré ."* (La nación de Israel, los descendientes de Abraham hoy, todavía llevan estas dos promesas por parte de Dios a su favor.)**

De acuerdo a la Palabra de Dios, todos somos descendientes de los lomos de Abraham. (los judíos como los hijos genuinos y los gentiles como los hijos adoptados, ambos con exactamente los mismos derechos.)

Lo que hizo Dios con y para Abraham, también lo hizo para todos sus hijos, incluyéndote a ti también!

Estudiemos el único lugar en la Biblia que revela algunos detalles sobre el pacto de sangre. Encontramos este pacto de sangre Abrahámico en Génesis 15.

Abram tiene ahora unos 99 años, y la Biblia dice que Sarai había pasado la edad de procrear. En Génesis 15:3-6 encontramos a Abraham quejándose a Dios. Él ahora es un anciano y ha perdido toda esperanza de tener un hijo y poder ver la multitud de gente y herederos prometidos. Abram estaba dispuesto a hacer de Eliezer, un joven nacido en su casa, su heredero.

Abram y Dios tienen la siguiente conversación:

"Dijo también Abram: Mira que no me has dado prole, y he aquí que será mi heredero un esclavo nacido en mi casa."
Génesis 15:3

En otras palabras, Abram estaba diciendo, Dios, Tú eres un mentiroso! NO HAS respetado tu promesa del pacto que hicimos!

*"Luego vino a él palabra de Jehová, diciendo: No te heredará éste, **sino un hijo tuyo será el que te heredará"***
Génesis 15:4

Es una broma ¿no? Abram tenía 99 años!

"Y lo llevó fuera, y le dijo: Mira ahora los cielos, y cuenta las estrellas, si las puedes contar. Y le dijo: Así será tu descendencia"
Génesis 15:5

"Y creyó [Abram] a Jehová, y le fue contado por justicia"
Génesis 15:6

"Y le dijo: Yo soy Jehová, que te saqué de Ur de los caldeos, para darte a heredar esta tierra."
Génesis 15:7

Esta vez, Abram quiere una promesa válida de parte de Dios:

"Y él respondió: Señor Jehová, ¿en qué conoceré que la he de heredar"
Génesis 15:8

Buena pregunta, Abram! Ahora aquí viene la forma en que Dios le muestra a Abram que Él mantendrá Su promesa. Vamos a ver si reconoces lo que Dios está diciendo a continuación.

*"Y le dijo: Tráeme una becerra de tres años, y una cabra de tres años, y un carnero de tres años, una tórtola también, y un palomino. Y tomó él todo esto, **y los partió por la mitad, y puso cada mitad una enfrente de la otra; mas no partió las aves.**"*
Génesis 15:9-10

Estamos hablando acerca de "animales puros" aquí! ¿Te imaginas la manera en que Abram fue mandado a partirlos? Él los partió desde el pescuezo hasta la cola, haciendo dos partes iguales que estaban listas para ser puestas horizontalmente en la forma del ocho simbólico.

La Biblia habla de un pacto de sangre, a punto de entablarse entre Dios y Abram.

*Mas a la caída del sol **sobrecogió el sueño a Abram**, y he
aquí que el temor de una grande oscuridad cayó sobre él.*

Génesis 15:12

Abram fue puesto al lado; la Biblia dice que *le
sobrecogió un sueño*, pero entonces ¿cómo fue capaz,
después, de explicar todo lo que pasó? Por supuesto
que Abram no estaba dormido. La palabra en hebreo
significa "letargo" o parálisis. Mas bien él estaba bajo,
en lo que también se conoce como un *trance*, la forma
más alta de una visión personal.

Cuando uno entra en un trance, el cuerpo físico se
mantiene en un estado similar a una parálisis, sin embargo
uno puede ver claramente, sentir y oír todo lo que está
pasando, como si estuviera viendo una película.

Mientras Abram, quien representa a la humanidad,
estaba puesto al lado, otra persona hizo un pacto de
sangre en representación suya y nuestra también. Estas
dos personas cortaron el pacto de sangre para Abram y
para nosotros!

Echemos un vistazo más de cerca a la escritura clave
que nos lleva a la respuesta de la pregunta: ¿Por qué
tenía Jesucristo el derecho de tomar nuestros pecados y
maldiciones sobre sí mismo?

Y sucedió que puesto el sol, y ya oscurecido, se veía
un horno humeando, y una antorcha de fuego
que pasaba por entre los animales divididos

Génesis 15:17

¿Qué estaba pasando aquí? ¿Qué o quién es el «horno humeante y la antorcha de fuego»? Definitivamente no era Abram, ya que fue puesto al lado y era incapaz de mover un dedo! El capítulo 5 explora este misterio en plenitud – puede ser que te sorprenderán las revelaciones.

El Contrato de Éxito

Capítulo 5

Biblia Interpreta Biblia

El Horno Humeando y la Antorcha de Fuego

Como se mencionó anteriormente, si nos encontramos con una palabra en la Biblia que significa algo en Génesis, tendrá el mismo significado a través de toda la Biblia. El simbolismo en la Biblia tiene el mismo significado dondequiera que lo hallemos, en cualquiera de los 66 libros.

Ahora estamos en Génesis 15:17 tratando de averiguar quiénes son el Horno Humeante y la Antorcha de Fuego.

¿Quién es el Horno Humeando?

Si la Biblia se interpreta a si misma, hallamos que el "horno humeante" o el horno, se menciona en varios pasajes de las escrituras del Antiguo Testamento:

El Contrato de Éxito

*Todo el monte Sinaí humeaba, porque Jehová había descendido sobre él en fuego; y el humo subía **como el humo de un horno**, y todo el monte se estremecía en gran manera.*

Éxodo 19:18

*Y miró hacia Sodoma y Gomorra, y hacia toda la tierra de aquella llanura miró; y he aquí que el humo subía de la tierra **como el humo de un horno**.*

(Padre Dios que descendía para juzgar.)

Génesis 19:28

***Entonces Jehová dijo a Moisés: He aquí, yo vengo a ti en una nube espesa**, para que el pueblo oiga mientras yo hablo contigo, y también para que te crean para siempre. Y Moisés refirió las palabras del pueblo a Jehová*

Éxodo 19:9

Y Jehová dijo a Moisés: Ve al pueblo, y santifícalos hoy y mañana; y laven sus vestidos y estén preparados para el día tercero, porque al tercer día Jehová descenderá a ojos de todo el pueblo... Y descendió Moisés del monte al pueblo, y santificó al pueblo; y lavaron sus vestidos. Y dijo al pueblo: Estad preparados para el tercer día; no toquéis mujer."

Éxodo 19:10-15

*Aconteció que al tercer día, cuando vino la mañana, vinieron **truenos y relámpagos, y espesa nube***

sobre el monte, y sonido de bocina muy fuerte; y se estremeció todo el pueblo que estaba en el campamento.
Éxodo 19:16

*Todo el pueblo observaba el estruendo y los relámpagos, y el sonido de la bocina, y **el monte que humeaba**; y viéndolo el pueblo, temblaron, y se pusieron de lejos.*
Éxodo 20:18

*En mi angustia invoqué a Jehová, Y clamé a mi Dios; El oyó mi voz desde su templo, Y mi clamor llegó a sus oídos. La tierra fue conmovida, y tembló, Y se conmovieron los cimientos de los cielos; Se estremecieron, porque se indignó él. **Humo subió de su nariz, Y de su boca fuego consumidor;** Carbones fueron por él encendidos.*
2 Samuel 22:7-9

Puso tinieblas por su escondedero alrededor de sí; Oscuridad de aguas y densas nubes.
2 Samuel 22:12

*Y de miedo pasará su fortaleza, y sus príncipes, con pavor, dejarán sus banderas, dice Jehová, **cuyo fuego está en Sion, y su horno en Jerusalén.***
Isaías 31:9

Por estos pasajes de la Palabra de Dios, podemos concluir con precisión que el Horno Humeando (horno) se refiere a Jehová, Dios el Padre!

¿Quién es la Antorcha de Fuego?

Vamos a examinar pasajes de la Biblia que revelan quién es la Antorcha de Fuego.

> *Y se le apareció el Ángel de Jehová en **una llama de fuego** en medio de una zarza; y él miró, y vio que la zarza ardía en fuego, y la zarza no se consumía.*
>
> ***Éxodo 3:2***

En varias traducciones de la Biblia encontramos la frase, "Ángel de Jehová." Ángel escrito con una "A" mayúscula indica que es Jesús, nuestro Señor. Cuando encontramos "ángel" con una "a" minúscula esto indica que son ángeles normales. Así que Éxodo 3: 2 está refiriéndose al Señor Jesús; También se refiere a Él como una "llama de fuego" (antorcha).

> *Y **la luz de Israel** será por fuego, y **su Santo por llama**, que abrase y consuma en un día sus cardos y sus espinos.*
>
> ***Isaías 10:17***

> *En el principio era el Verbo, y **el Verbo era con Dios**, y el Verbo era Dios. Este era en el principio con Dios. Todas las cosas por él fueron hechas, y sin él nada de lo que ha sido hecho, fue hecho. **En él estaba la vida, y la vida era la luz de los hombres.***
>
> ***Juan 1:1-4***

La Palabra cobrando vida como Luz era y es, el Señor Jesús.

> *"¿No es **mi palabra como fuego**, dice Jehová, y*
> *como martillo que quebranta la piedra?"*
> **Jeremías 23:29**

> *"Otra vez Jesús les habló, diciendo:* **Yo soy la**
> **luz del mundo; el que me sigue, no andará en**
> **tinieblas, sino que tendrá la luz de la vida.***"*
> **Juan 8:12**

Entonces, ¿quién es la Antorcha de Fuego, la Luz del Mundo, y la Llama de Fuego? Es, obviamente, nuestro Señor Jesucristo!

· El pacto de sangre cortado en Génesis 15:17, hace unos 4.000 años, fue hecho entre Dios el Padre y Dios el Hijo. Abram, quien representaba al pueblo de Israel—y más tarde a ti, a mi y todos los creyentes—fue puesto al lado, totalmente incapaz de moverse.

¿Por qué eligió Dios este proceso? Es simple y sin embargo difícil de entender.

Dios el Padre es el Líder Supremo quien asume la responsabilidad completa por Su creación. Cuando Su creación, la humanidad, falló y cayó en el pecado, se frustró el plan perfecto de Dios para todos sus hijos. Dios, como buen líder de todos nosotros, asume la responsabilidad de corregir el error de la humanidad.

Sólo Una Manera

Sólo había *una manera* en que Dios podría resolver este problema. Él tuvo que corregir el error hecho por el hombre y reconciliar la humanidad con Dios. Para lograr poner a la humanidad en la misma posición que tenían en el Jardín, antes de caer en el pecado, Dios tuvo que dar a Su Hijo el derecho de tomar el lugar de la humanidad ante el juicio justo de Dios de todos los seres humanos.

Cuando antes examinamos, los diferentes rituales y acuerdos del pacto de sangre hebreo, entendimos que las dos partes interesadas comienzan como dos personas independientes. Y que luego de haber caminado dentro del símbolo eterno del ocho y cortar el pacto, se hacían una.

En Génesis 12: 1-3, Dios hace el primer pacto con promesas a Abram, siempre que él sea fiel y obediente. Dios no sólo lo bendeciría abundantemente, sino que también lo haría una bendición. Incluso aquellos que bendigan a Abram serían bendecidos, y los que le maldicen serían maldecidos.

Tres capítulos y muchos años más tarde, Dios corta este pacto en sangre, por lo que lo hace el acuerdo más fuerte y más poderoso que Él podía hacer. Entonces Abram fue convencido de que él mismo, tendría su propio heredero e hijo. Estoy segura de que él también tenía la esperanza de tomar parte física en el procedimiento y de poder caminar en el símbolo eterno del ocho con Dios.

No fue así!

Después de la preparación de todos los animales, cortándolos de la forma sacrificial correcta, Dios dice: *"Eso es todo Abram, ahora yo te meteré en un trance, para que, siendo humano, no me puedas estropear otra vez lo que estoy haciendo."*

Abram no podía moverse, sólo podía ver y oír (Génesis 15:12).

A partir de este momento Abram sabía que iba a tener un hijo propio. No importaba que él ya tenía casi 100 años y que su esposa, Sarai, había pasado mucho más allá de los años de la edad fértil. Él sabía que Dios había hecho un pacto de sangre con él, y entonces el asunto estaba resuelto para siempre, no obstante el que él tuviera 99 años y Sarai tuviera 90.

¿Has oído hablar jamás de una mujer que concibió y dio a luz a la edad de 90? Yo tampoco. Eso fue sin duda "Una Intervención Divina!"

Vemos cómo Dios renueva y amplía sus promesas del pacto añadiendo que los descendientes de Abram heredarán Canaán, la Tierra Prometida (Génesis 17:8-9). Dios cambia el nombre de Abram a Abraham, que significa "padre de multitudes" y le promete un hijo dentro de un año (Génesis 17:5-6). Esa promesa se cumplió al pie de la letra. En un año, Abraham ya con 100 años de edad, dio la bienvenida a su primer hijo legítimo, Isaac (Génesis 17:19-21)

El Plan de Rescate de Dios

La humanidad se desconectó de Dios después de pecar. Se había roto un pacto que se suponía iba a ser un contrato de éxito completo con Dios y en consecuencia iba a ser juzgada y morir apartada de Dios, yéndose al infierno. *Pero Dios, en su misericordia,* puso en juego algo para la protección de la humanidad, al permitir que una vez al año el sumo sacerdote podía ofrecer sangre en nombre del pueblo por medio de sacrificios de animales. Este sacrificio ofrecía sólo una cubierta anual, no era duradero ni cambiaba nada.

> **El plan de rescate de Dios comenzó con el pacto de sangre con Abram.**

El plan de rescate de Dios comenzó con el pacto de sangre con Abram. Dios permitió que el Señor Jesús tomase el lugar de la humanidad en el ritual que representa a todos los pueblos. La Humanidad y Jesús se convirtieron en una sola persona. Cuando Dios se hizo Uno con Su Hijo, quiere decir que más tarde podía usar a Su Hijo como un sustituto de la humanidad en la cruz, porque Jesús y la humanidad son *uno!*

¿Cómo?

Melquisedec y Abraham

Si vamos un capítulo atrás a Génesis 14:14-24 se cuenta la historia de cuando la familia y la propiedad de Abram y

Lot fueron robados por algunos reyes enemigos. El punto interesante aquí es la sección que habla de Melquisedec, su nombre significa "Rey de Justicia", que representa a Dios Altísimo y el compañero de pacto de Abram. Abram y varios cientos de sus siervos habían perseguido a estos reyes malvados y recuperaron todo lo que les habían robado.

*Oyó Abram que su pariente estaba prisionero, y armó a sus criados, los nacidos en su casa, trescientos dieciocho, y los siguió hasta Dan. Y cayó sobre ellos de noche, él y sus siervos, y les atacó, y les fue siguiendo hasta Hoba al norte de Damasco. Y recobró todos los bienes, y también a Lot su pariente y sus bienes, y a las mujeres y demás gente. Cuando volvía de la derrota de Quedorlaomer y de los reyes que con él estaban, salió el rey de Sodoma a recibirlo al valle de Save, que es el Valle del Rey. **Entonces Melquisedec, rey de Salem y sacerdote del Dios Altísimo, sacó pan y vino**; y le bendijo, diciendo: Bendito sea Abram del Dios Altísimo, creador de los cielos y de la tierra y bendito sea el Dios Altísimo, que entregó tus enemigos en tu mano. **Y le dio Abram los diezmos de todo**. Entonces el rey de Sodoma dijo a Abram: Dame las personas, y toma para ti los bienes. Y respondió Abram al rey de Sodoma: He alzado mi mano a Jehová Dios Altísimo, creador de los cielos y de la tierra, que desde un hilo hasta una correa de calzado, nada tomaré de todo lo que es tuyo, para que no digas: Yo enriquecí a Abram; excepto solamente lo que comieron los jóvenes, y la parte de los varones que* *fueron conmigo, Aner, Escol y Mamre, los cuales tomarán su parte.*

Hay dos cosas que revelan el pacto de sangre aquí, y tenemos que estudiar este pasaje de las Escrituras para ver quién era Melquisedec.

Primero compartieron una comida de pacto juntos - Abram y el Rey de Justicia, o Melquisedec, quien representa a Dios Altísimo. Entonces Abram le dio una ofrenda de pacto, más tarde conocido como el diezmo o 10 por ciento de todo lo que había obtenido del botín.

Génesis capítulo 14 es muy significativo, ya que viene justo antes de que Dios hace otro pacto de sangre en Génesis 15:17, donde está mucho más claro lo que está sucediendo.

Lo más importante aquí es entender quién es Melquisedec. Para salir de dudas, y porque la Biblia dice que por dos testigos una cosa es cierta, ven conmigo al libro de Hebreos:

Porque este Melquisedec, rey de Salem, sacerdote del Dios Altísimo, que salió a recibir a Abraham que volvía de la derrota de los reyes, y le bendijo, a quien asimismo dio Abraham los diezmos de todo; cuyo nombre significa primeramente Rey de justicia, y también Rey de Salem, esto es, Rey de paz; sin padre, sin madre, sin genealogía; que ni tiene principio de días, ni fin de vida, sino hecho semejante al Hijo de Dios, permanece sacerdote para siempre. Considerad,

pues, cuán grande era éste, a quien aun Abraham el
patriarca dio diezmos del botín.

Hebreos 7:1-4

Melquisedec es el Señor Jesús. Cuando Jesús y Abram cortaron un pacto de sangre en Génesis 14, pasaron de ser dos personas a convertirse en *una sola*. Eran amigos de pacto y todo lo que Jesús tenía, era de Abram y todo lo que Abram tenía era de Jesús.

A partir de entonces, cualquiera de ellos tenía el derecho de ser parte del pacto de sangre hecho en Génesis 15:17, donde puedes ver la Antorcha de Fuego (Jesús) y el Horno Humeando (Dios Padre), cortar un pacto de sangre en nombre de la humanidad. Jesús lo hizo, dejando a Abram (la humanidad) a un lado en un trance, paralizado, pero despierto.

El pacto de sangre en Génesis 14 ya le había dado a nuestro Señor Jesús, el derecho de ocupar el lugar de la humanidad en la cruz, castigándolo a Él por nuestros pecados y tomando nuestras enfermedades y maldiciones. Toda lo que la humanidad tenía, todo lo malo, ya era Suyo por el pacto.

Todo esto se confirmó de nuevo en Génesis 15:17- un segundo pacto de sangre - por lo que nuestro Dios justo produciendo dos testigos, hizo que fuera veraz. Jesucristo había verificado doblemente Su derecho de ir a la cruz, y tomar nuestro castigo sobre Él.

Circuncisión

La circuncisión es un pacto de sangre entre Dios y cada judío, cada hijo varón (Génesis 17:10-12). Dios también instituye la circuncisión, o sea, el corte del prepucio de todos los varones que vienen de Abraham y su línea, como señal de sus promesas de su pacto de sangre con Dios. Cortan este pacto cuando el bebé tiene exactamente ocho días de edad porque es cuando el proceso de sanidad es especialmente rápido, todo predestinado por Dios.

Abraham y los descendientes de su hijo serán un pueblo de pacto de ahora en adelante. El pueblo que sale de los "lomos de Abraham" es Israel. Nosotros, como cristianos y creyentes somos adoptados como hijos con los mismos derechos. Los judíos todavía están practicando la circuncisión hoy día, al igual que muchos cristianos en todo el mundo. Volveremos luego a la circuncisión como parte del pacto de sangre.

El Sacrificio de Isaac

Después de haber esperado durante toda la vida por un hijo y heredero, Abraham aún tiene que pasar por la prueba de fe más difícil que jamás tuvo en toda su vida. Dios le pidió a Abraham que sacrificara – o matase - a su único hijo, Isaac, que Él le había prometido y le había dado. Isaac sería un adolescente en ese tiempo, sin embargo, no hay ninguna indicación de que haya dudado jamás de lo que a su padre Abraham se le requería hacer - increíble! En un acto de obediencia total Abraham estaba dispuesto a seguir las instrucciones del Señor.

> *"Y dijo: Toma ahora tu hijo, tu único, Isaac, a quien amas, y vete a tierra de Moriah, y ofrécelo allí en holocausto sobre uno de los montes que yo te diré."*
>
> ***Génesis 22:2***

Abraham obedeció *al instante!*

¿Te has preguntado alguna vez, ¿Cómo podía Dios pedirle a Abraham que hiciese eso - que sacrificase a su único hijo por el cual esperó durante tanto tiempo? Y como podía obedecer Abraham? Abraham pudo seguir la instrucción del Señor sólo porque sabía que Dios *no podía romper* Su pacto de sangre. De hecho, si Abraham hubiera matado a Isaac, Dios lo hubiera resucitado! Abraham sabía, sin duda absoluta, que el increíble poder del pacto de sangre iba a funcionar.

Dios puso a prueba la obediencia y la voluntad de Su siervo y amigo Abraham para que sacrificara lo mejor que tenía. Dios rescató a Isaac, proveyendo un animal para el sacrificio, justo en el momento en el que Abraham levantó el cuchillo para matar a Isaac.

Abraham pasó la prueba! Isaac también pasó la prueba de ser un hijo obediente hasta la muerte.

Este es un ejemplo fantástico de lo que Dios Padre y su Hijo Jesús harían unos 2.000 años más tarde en el nuevo pacto de sangre eterno hecho en la cruz!

Tenemos que decir: "¡GRACIAS ABRAHAM!"

El Contrato de Éxito

Capítulo 6

Jesucristo y los Rituales del Pacto de Sangre

Vamos a reexaminar los nueve rituales del pacto de sangre hebraico—pero esta vez centrándonos en el Señor Jesús. Vamos a ver y entender que es lo que realmente ha hecho por ti y por mí.

Jesús y los Rituales

Ritual 1
El Derramamiento De Sangre Pura

Las dos partes se reunieron y acordaron las condiciones para una nueva y eterna amistad y compromiso. Los animales puros fueron cortados y colocados sobre el suelo, formando un ocho horizontal, dejando un espacio entre las piezas para caminar.

Jesús, la Antorcha de Fuego, caminó el pacto de sangre en lugar nuestro, junto con nuestro Padre Dios, el Horno Humeando (Génesis 15:17).

Jesús tomó nuestro lugar como sustituto allá en el Antiguo Testamento, más de 2.000 años antes de que naciera en un cuerpo humano y caminase aquí en la tierra.

En el Nuevo Testamento, Jesús tomó de nuevo, y una vez por todas, nuestro lugar como un cordero inocente, el sacrificio perfecto y eterno, como nuestro compañero de pacto de sangre en la cruz.

Ritual 2
La Mezcla De Sangre

Dos hombres levantaron sus manos derechas haciéndose un corte en la muñeca o en la mano hasta hacer que la sangre fluyese.

Nuestro Señor Jesús fue crucificado; Sus muñecas fueron clavadas en la cruz con clavos mas gruesos que vuestro dedo más grande—y perforado—hasta que la sangre fluyese. (Vamos a estudiar el significado de la crucifixión como otra piedra fundamental en el Capítulo 8.)

Ritual 3
El Intercambio del Manto

Las dos partes intercambiaron sus mantos. El manto de una persona significaba "Todo lo que soy y todo lo que tengo te lo daré a ti."

Nuestro Señor Jesús fue crucificado desnudo. Era una situación muy vergonzosa para cualquier persona, y así lo fue también para nuestro Señor Jesús. Se llevaron su "manto", o su ropa, que estaba hecho de una sola pieza de lino. (Que simboliza pureza, y era muy valiosa.)

Los soldados que crucificaron a Jesús echaron suertes para obtener el manto de Jesús porque era tan valioso! Su manto representaba *todo* lo que Él era y *todo* lo que Él tenía— y cayó en manos de los peores pecadores de ese momento, los soldados romanos, quienes nos representan a ti y a mí antes de que el Señor nos salvase!

Es difícil para simples humanos de imaginar un acto tan increíble de amor, misericordia y compasión. A medida que lees, yo deseo que permitas que el Espíritu Santo te revele por medio de la oración, cual fue en realidad el intercambio que tuvo lugar en la cruz por ti ese día.

Has heredado la autoridad de tu Señor y Salvador— autoridad sin límites a través de las palabras que hablas y las cosas que haces Tienes *todo* lo que Él es y *todo* lo que Él tiene a tu disposición dependiendo de ciertas condiciones. El pacto de sangre significa que todo lo que tienes es Suyo y todo lo que Él tiene es tuyo *siempre y cuando **tu** permanezcas en el pacto.*

En Efesios 1:19-23 leemos:

y cuál la supereminente grandeza de su poder para con nosotros los que creemos, según la operación del poder de su fuerza, la cual operó en Cristo, resucitándole de los muertos y sentándole a su diestra en los lugares celestiales, sobre todo principado y autoridad y poder y señorío, y sobre todo nombre que se nombra, no sólo en este siglo, sino también en el venidero; y sometió todas las cosas bajo sus pies, y lo dio por cabeza sobre todas las cosas a la iglesia, la cual es su cuerpo, la plenitud de Aquel que todo lo llena en todo.

El poder de Cristo mora en ti *siempre y cuando permanezcas en contacto con Él, la Cabeza.*

Gálatas 2:20 dice:

Con Cristo estoy juntamente crucificado, y ya no vivo yo, mas vive Cristo en mí; y lo que ahora vivo en la carne, lo vivo en la fe del Hijo de Dios, el cual me amó y se entregó a sí mismo por mí.

El pecado es lo principal que nos impedirá el caminar en las promesas. Gálatas 5:19-21 dice:

Y manifiestas son las obras de la carne, que son: adulterio, fornicación, inmundicia, lascivia, idolatría, hechicerías, enemistades, pleitos, celos, iras, contiendas, disensiones, herejías, envidias, homicidios, borracheras, orgías, y cosas semejantes a estas; acerca de las cuales os amonesto, como ya os lo he dicho antes, que los que practican tales cosas no heredarán el reino de Dios.

Y en Romanos 6:1-2, encontramos:

¿Qué, pues, diremos? ¿Perseveraremos en el pecado para que la gracia abunde? En ninguna manera. Porque los que hemos muerto al pecado, ¿cómo viviremos aún en él?

Ritual 4
Intercambio de Cinturones/talabartes

Las dos partes intercambiaron cinturones o talabartes — el amplio trozo de tela ceñida alrededor de sus cinturas. Como varones hebreos no usaban pantalones con bolsillos, se utilizaba este cinturón ancho para llevar sus espadas y cuchillos. Era una talabarte de defensa.

Antes de ser crucificado, nuestro Señor Jesús ya había sido privado de ese cinturón por los soldados que lo golpearon y lo crucificaron. Otra vez simbolizando Su protección de pecadores—tu y yo, y toda la humanidad.

Recuerda que la Biblia dice que Jesús podría haber detenido el proceso de crucifixión en *cualquier momento* si hubiera querido. Él tenía legiones (miles) de ángeles listos para servirle, haciendo exactamente lo que pedía! Si Él hubiera querido retirarse del plan de Dios para ser nuestro sustituto, Él podría haberlo hecho.

Pero Él no lo hizo. Al igual que su antepasado Isaac (que voluntariamente yació sobre el altar bajo el cuchillo de su padre Abraham), nuestro Señor fue llevado como un cordero al matadero, voluntariamente. ¡Estamos eternamente agradecidos por su decisión ese día! Su decisión salvó nuestra vida eterna y nos reconcilió con nuestro Padre Dios.

Jesús intercambió su cinturón de defensa por nosotros y en lugar de ser destinados al infierno, *estamos ahora de camino al cielo!*

Ritual 5
Intercambio de Nombres

Las dos partes intercambiaron nombres. La norma era la de intercambiar parte de los nombres o añadir el nombre de la otra persona.

Jesús nos dio todo su nombre completo! Nuestro Señor Jesús es un Señor tan generoso que después de haber sido crucificado y resucitado, ¡nos permitió *pedir en su nombre!* Él dijo a sus discípulos:

*Y todo lo que pidiereis al Padre **en mi nombre**, lo haré, para que el Padre sea glorificado en el Hijo. Si algo pidiereis en mi nombre, yo lo haré.*

Juan 14:13-14

¿Acaso nos dio Jesús sólo una o dos letras de Su nombre? No, no lo hizo. Él es tan extremadamente bueno y generoso que Él nos dio su nombre entero—el nombre de Jesús. Dijo que todo lo que pidáis al Padre en su nombre—Jesús—El Padre nos lo dará.

Ahora sabes de dónde viene el poder que hay cuando invocamos el nombre de Jesús—es en el pacto de sangre. Es irrompible, si Él lo dijo, Él lo ejecutará, a menos que nos metamos por medio para impedírselo.

Ritual 6
Tratamiento de la Herida

Las dos partes trataron las heridas en las muñecas o manos con cenizas o pintura para evitar que las cicatrices desaparecieran.

Nuestro Señor Jesús tuvo enormes clavos que se hundieron profundamente a través de sus muñecas, haciendo agujeros y cicatrices que nunca desaparecerán. La gente que ha visto a Jesús en visiones en los últimos años, todos han notado las marcas que aún tiene de la crucifixión.

Ritual 7
Proclamación En
Presencia de Testigos

Las dos partes proclamaron a gran voz en presencia de testigos las promesas del acuerdo y pacto eterno.

Como he mencionado antes, en esos días rara vez se utilizaban acuerdos escritos para cerrar un trato de negocio. Su nombre y su testimonio era la garantía, y se utilizaban testigos para validar el contrato o acuerdo.

Hoy en día esta proclamación se llama salvación o el nacer de nuevo. Nuestro Señor Jesús nos dio la salvación a través de Su sacrificio en la cruz. Estamos completamente reconciliados con el Padre a través de formar parte de su pacto de sangre. ¿Cómo? A través de creer y proclamar.

Cuando una persona es salva hoy, nace de nuevo y entra en el pacto de sangre a través de la sangre de Cristo, la persona ora la oración de fe y se compromete en presencia de testigos en la iglesia, o en otro lugar.

Mas ¿qué dice? Cerca de ti está la palabra, en tu boca y en tu corazón. Esta es la palabra de fe que predicamos: que si confesares con tu boca que Jesús es el Señor, y creyeres en tu corazón que Dios le levantó de los muertos, serás salvo. Porque con el corazón se cree para justicia, pero con la boca se confiesa para salvación.

Romanos 10:8-10

Como este pacto de sangre es eterno y no hay distancia en el ámbito espiritual, lo siguiente pasa en el ámbito espiritual cuando acordamos formar parte de la familia de Dios y oramos la oración de fe. La oración puede ser algo tan simple como:

Señor Jesús, Te necesito. Abro la puerta para mi vida a Ti, y Te recibo como Señor y Salvador. Gracias por perdonar todos mis pecados por tomarlos en la cruz por mi. Recibo el pacto de sangre que hiciste y entro en ello. Señor, toma todo lo que soy y todo lo que tengo en el nombre de Jesús, amen.

Decimos *sí* para recibir a Jesucristo como nuestro Señor y Salvador.

El Espíritu Santo nos "corta" quitando nuestro espíritu humano con toda su inmundicia y pecado, y lo clava en la cruz (hablando en el espíritu) y lo *intercambia* con un nuevo Espíritu—el Espíritu de Jesús.

La Biblia dice que ahora somos una nueva creación, todo lo viejo ha pasado, y todo ha sido hecho totalmente nuevo.

De modo que si alguno está en Cristo, nueva criatura es; las cosas viejas pasaron; he aquí todas son hechas nuevas.

2 Corintios 5:17

El intercambio ya había sucedido hace más de 2.000 años en la cruz cuando *el Señor Jesús alistó Su parte del pacto de sangre,* dando *todo* lo que Él era y *todo* lo que Él tenía. Él se convirtió en nuestro sustituto lícito de acuerdo con el "Antiguo Pacto de Sangre" hecho con Abraham. Él sólo está esperando que tú y yo hagamos nuestra parte y entremos en el "Nuevo Pacto de Sangre" con Él y con el Padre.

Él tenía el derecho de tomar nuestro lugar en la cruz, llevando todos nuestros pecados y todas nuestras maldiciones y enfermedades (que son maldiciones) en Su cuerpo, porque Él era y es el Cordero puro de Dios, inmolado en lugar nuestro. Lo hizo para que pudiéramos ser libres, a pesar de que Él mismo es perfecto y sin pecado!

La Biblia dice que la única manera de ser parte de este pacto de sangre es a través de Jesucristo, cuando lo invitamos a que entre a nuestras vidas como nuestro Señor y Salvador, proclamando y orando la oración de fe. Jesús es la *única* "Puerta" por la cual entramos a Dios, reconciliándonos con el Padre y convirtiéndonos en Su hijo y heredero. AMEN!

Ritual 8
Comida y Regalos del Pacto de Sangre

Cuando las dos personas habían acabado todos los rituales y proclamaciones necesarias, compartían una comida. La comida siempre consistía de al menos *sal, pan y vino.*

Nuestro Señor Jesús instituyó en Lucas 22, algo que hoy llamamos "La Santa Cena" o "Comunión", que consiste en comer pan y beber vino (o jugo de uva) durante una reunión normal de la iglesia.

En Primera de Corintios 11:23- 26, el apóstol Pablo se refiere a lo que el Señor estaba diciendo en Lucas 22:15-20:

Porque yo recibí del Señor lo que también os he enseñado: Que el Señor Jesús, la noche que fue entregado, tomó pan; y habiendo dado gracias, lo partió, y dijo: **Tomad, comed; esto es mi cuerpo que por vosotros es partido; haced esto en memoria de mí.** *Asimismo tomó también la copa, después de haber cenado, diciendo:* **Esta copa es el nuevo pacto en mi sangre; haced esto todas las veces que la bebiereis, en memoria de mí.** *Así, pues, todas las veces que comiereis este pan, y bebiereis esta copa, la muerte del Señor anunciáis hasta que él venga.*

En la comida de pacto de sangre hebreo, la sal era un símbolo de la preservación de alimentos frescos. Espiritualmente significaba la preservación del pacto y las promesas que se hicieron. La mayoría de los servicios cristianos no utilizan sal específicamente en su comida del pacto, la santa cena, pero hay sal en el pan que se parte y se come en memoria de Él. En Mateo 5:13, Jesús llamó a los creyentes "la sal de la tierra."

El Señor nos dijo que debemos recordarlo hasta que Él venga otra vez, tomando el pan como símbolo de Su cuerpo partido por nosotros y el vino como símbolo de su sangre derramada por nosotros. Se trata de un monumento, un homenaje al Cordero de Dios.

La comida del pacto era y es significativa y sella el acuerdo entre las dos partes—que ahora se llaman amigos. Cuando la Biblia habla de amigos, en la mayoría de los casos se está refiriendo a amigos de un pacto de sangre, lo cual tiene implicaciones mucho más serias que la referencia actual a amigos que se juntan después de una película, van a un partido o se toman un café juntos.

Un amigo del pacto de sangre podía venir a tu casa cuando quería y comer tu comida, compartiendo tus comidas durante todo el tiempo que quisiese. ¡Básicamente él podía quedarse en tu casa con tu familia por un par de meses a la vez! Ahora entiendes por qué el apóstol Pablo advierte a los Corintios sobre tener comunión con pecadores en su medio, que no estaban dispuestos a arrepentirse y cambiar.

Pablo dice en 1 Corintios 5:11, *"Con el tal ni aun comáis."* Lo que Pablo está diciendo en realidad es que no tengamos comunión—comiendo y pasando tiempo con un pecador en nuestra casa, permitiendo su influencia en nuestro hogar— durante un período largo de tiempo!

Si no entiendes las implicaciones de un *amigo de pacto de sangre* comiendo y quedándose en tu casa, es posible juzgar a Pablo por ser demasiado estricto con los Corintios. ¿No deberíamos comer con los pecadores? Por supuesto que deberíamos. Incluso, Jesús comía con los pecadores, declarando que esa era la razón por la cual Él vino—para salvar a los pecadores. Jesús pasó más tiempo con los pecadores que cualquiera de nosotros, pero Él no *convivía* con ellos como convivía con sus amigos, los apóstoles.

Tenemos que tomar en serio nuestro pacto espiritual ya que el pecado es muy contagioso. Tenemos que ser muy cuidadosos acerca de a quien elegimos como amigos íntimos y compañeros. ¿Son personas con las cuales podemos crecer juntos espiritualmente—o personas que nos influirán con sus malos hábitos, como la crítica, el chisme, etcétera.

Momentos antes de ir a la Cruz, Nuestro Señor dice:

Ya no os llamaré siervos, porque el siervo no sabe lo que hace su señor; pero os he llamado amigos, porque todas las cosas que oí de mi Padre, os las he dado a conocer. No me elegisteis vosotros a mí, sino que yo os elegí a vosotros, y os he puesto para que vayáis y llevéis fruto, y vuestro fruto permanezca; para que todo lo que pidiereis al Padre en mi nombre, él os lo dé.

Juan 15:15-16

Intercambio de Regalos

Las dos personas involucradas en el proceso del pacto de sangre intercambiaron regalos; por ejemplo, anillos, de oro o de plata para la nariz, las orejas o los dedos.

Utilizamos anillos de la misma manera hoy en día cuando las parejas se intercambian anillos durante una ceremonia matrimonial. El anillo de bodas no se utilizó por primera vez durante un ritual de matrimonio; más bien la tradición vino del ritual del pacto de sangre que tiene más de 4.000 años de antigüedad. El anillo de bodas es en realidad un símbolo del pacto de sangre que el matrimonio representa entre dos personas. Por desgracia, la mayoría de las parejas que se casan hoy en día no tienen ni idea del significado verdadero de los anillos que se intercambian.

El anillo de bodas comenzó como un anillo *cortado* alrededor de la base del dedo pulgar izquierdo para mostrar a todos el pacto que tenían como cónyuges. De esta manera no podía ser quitado como lo es hoy— el matrimonio es para toda la vida.[1]

Ritual 9
Edificar Un Altar

Las dos partes unieron sus fuerzas y construyeron un altar como un memorial de su pacto de sangre. O construían un altar de piedras o plantaban un árbol. Esparcieron sangre sobre el árbol para sellar el pacto.

La Cruz

Nuestro Señor Jesús derramó Su propia sangre en el madero de la cruz, siendo sacrificado por nosotros. Es por eso que los cristianos siempre recordarán a la cruz de Jesús y su sacrificio por nosotros, como un monumento hasta que Él vuelva para llevarnos a Su morada.

"Cristo nos redimió de la maldición de la ley,
hecho por nosotros maldición (porque está escrito:
Maldito todo el que es colgado en un madero"
Gálatas 3:13

El Árbol

Un árbol en la Biblia significa un ser humano. Como he mencionado anteriormente, la Biblia interpreta la Biblia, así que cuando vemos que un árbol significa un ser humano en uno o más lugares en la Biblia, siempre significará un ser humano, a menos que tenga un nombre, como una higuera o un almendro .

Lo que sigue son unas cuantas Escrituras que mencionan árboles simbolizando a la humanidad:

Bienaventurado el varón **[y mujer]** *que no anduvo en consejo de malos, Ni estuvo en camino de pecadores, Ni en silla de escarnecedores se ha sentado; Sino que en la ley de Jehová está su delicia, Y en su ley medita de día y de noche.* ***Será como árbol plantado junto a corrientes de aguas,*** *Que da su fruto en su tiempo, Y su hoja no cae; Y todo lo que hace, prosperará.*

Salmo 1:1-3

El árbol mencionado en el Salmo 1:1-3 representa la humanidad. Y de acuerdo a la Biblia, por dos o tres testigos una palabra será confirmada.

Escrituras adicionales donde los árboles simbolizan a los seres humanos son:

Como el manzano entre los árboles silvestres, *Así es mi amado entre los jóvenes;* Bajo la sombra del deseado me senté, Y su fruto fue dulce a mi paladar.

Cantares 2:3

Porque **será como el árbol plantado junto a las aguas,** *que junto a la corriente echará sus raíces, y no verá cuando viene el calor, sino que su hoja estará verde; y en el año de sequía no se fatigará, ni dejará de dar fruto.*

Jeremías 17:8

Guardaos de **los falsos profetas,** *que vienen a vosotros con vestidos de ovejas, pero por dentro son lobos rapaces.* **Por sus frutos los conoceréis.** *¿Acaso se recogen uvas de los espinos, o higos de los abrojos? Así,* **todo buen árbol da buenos frutos, pero el árbol malo da frutos malos.**

Mateo 7:15-17

Jesús colgó en el árbol de la cruz, siempre conectado a la humanidad por medio de clavos martillados tortuosamente, a través de Sus muñecas y Sus pies, al árbol.

El Árbol de la Acacia Es Muy Especial

La cruz de Jesucristo era de madera del árbol de Acacia. La madera del árbol de Acacia se utilizó en el Arca del Pacto y en el Lugar Santísimo (Éxodo 35:24; Levítico 16). La mesa del pan de la proposición (Éxodo 25:23) y los otros muebles en el Lugar Santo también estaban hechos de Acacia, primeramente en el Tabernáculo y ¡más tarde en el Templo de Jerusalén! (Éxodo 25-37.)

Hay muchos usos para todas las diferentes partes del árbol. La madera de Acacia es dura, densa y fuerte, y de color muy oscuro. La *madera* se utiliza para hacer naves, coberturas para pisos, muebles, joyas, armas y juguetes. Sus *raíces* obstaculizan la expansión de la aridez de los desiertos; ésta se detiene a los pies de este árbol. El *tronco* produce la goma Arábiga que se utiliza en la medicina, adhesivos y productos industriales. Las *semillas* se pueden comer crudas o molidas para dar sabor a los alimentos. La *flores* se utilizan para hacer perfume y la *fruta* también se utiliza para la medicina.

Hay otra cosa que es muy especial en el árbol de Acacia que es diferente a cualquier otro árbol. ¡Sus células se dividen exactamente de la misma manera que las células del ser humano! El árbol de Acacia tiene el mismo "ADN" que el de un ser humano, por así decirlo.[2]

Los Clavos

El árbol es un símbolo de la humanidad, por lo que nuestro Señor fue clavado sobre el símbolo de la humanidad, la madera de un árbol de Acacia. Un árbol que según la Biblia es santo. Enormes clavos unieron a Jesús al árbol (a la humanidad), *haciéndonos uno con Él.* Al mismo tiempo, su sangre fluyó desbordándose sobre el árbol como un sello de protección.

Los clavos eran de 13-18 centímetros (5-7 pulgadas) de largo y 1 centímetro (media pulgada) de espesor, normalmente hechos a mano por los romanos. Un clavo conecta dos materiales entre sí; una fricción funciona lateralmente para ayudar a mantener las dos piezas aún mas fuertemente unidas. Jesús y el árbol estaban pegados juntos como una lapa. Él fue y es un escudo, una cobertura, recibiendo todos los pecados, el dolor, y maldiciones en Su propio cuerpo, alma y mente—y todo para nosotros.

Con el símbolo de la humanidad y Jesucristo pegados entre sí en la cruz, un Nuevo Pacto de Sangre Eterno fue hecho entre Dios y la humanidad a través del sustituto, el Hijo. *Él se hizo uno con nosotros física y espiritualmente.*

En la época de la crucifixión de Jesús, algunas personas creían que los clavos tenían una función médica y las recogían como amuletos (ornamentos que se pensaba daban protección contra el mal, el peligro, o la enfermedad). Los clavos eran valerosos, caros, y por lo tanto se utilizaban nuevamente en diferentes crucifixiones.

Hay mucho más poder y autoridad delegada en el pacto de sangre de lo que vemos y entendemos a primera vista. Te animo a que leas el siguiente versículo de la Palabra de Dios y te tomes el tiempo para pensar en su significado. Si eres creyente y has recibido al Señor Jesús como tu Señor y Salvador personal, ora acerca de lo que significa esta verdad para ti.

Pues no habéis recibido el espíritu de esclavitud para estar otra vez en temor, sino que habéis recibido el espíritu de adopción, por el cual clamamos: !!Abba, Padre! El Espíritu mismo da testimonio a nuestro espíritu, de que somos hijos de Dios. Y si hijos, también herederos; herederos de Dios y coherederos con Cristo, si es que padecemos juntamente con él, para que juntamente con él seamos glorificados.

Romanos 8:15-17

Habiendo nacido de nuevo, eres ahora amigo de Jesús e hijo adoptivo de Dios—eres un verdadero heredero en el Reino de Dios! ¡Todo lo que Jesús es y tiene te pertenece desde el momento en que fuiste salvo!

Notas Finales

1. Cathy Jackson, *Una invitación permanente.*
2. http://topicosculturales.blogspot.com.es/2007/07/significado-bblico- y- científico- de- la.html; accedido Octubre 23, 2014.

El Contrato de Éxito

Capítulo 7

Preparación para la Cruz

Getsemaní

Lo que sucedió en Getsemaní es otra piedra fundamental para poder entender el juicio por el que tuvo que pasar Jesús en nuestro lugar.

El juicio no comenzó con la flagelación o incluso con la crucifixión—comenzó la noche anterior. Nuestro Señor Jesús triunfó en *una batalla crucial* en el huerto de Getsemaní.

La batalla que luchó en el huerto de Getsemaní era mental, espiritual y emocional. Aunque Él era Dios, Él estaba en un cuerpo humano y sabía que estaba a punto de sufrir una muerte increíblemente dolorosa, la crucifixión. En consecuencia, Él pasó por un momento de agonía real y verdadero. *Si Él no hubiera vencido y obtenido la victoria en esa lucha personal con su carne, nunca hubiéramos tenido la oportunidad de recibir la salvación y ser reconciliados con Dios.*

El Contrato de Éxito

Recuerda, nuestro Señor se podría haber rescatado a sí mismo, abandonado el plan que tenía Dios para él en cualquier momento—si hubiera querido hacerlo. ¡El Padre le había dado una voluntad libre y tuvo que optar por seguir adelante con el plan de sacrificio y redención de Dios!

Las dos siguientes escrituras nos muestran la terrible agonía y lucha de nuestro Señor. Es de ayuda el leer esto en contexto.

Lucas es el autor del primer pasaje. Él era un médico y muy detallado en sus crónicas de este evento.

> *Y saliendo, se fue, como solía, al monte de los Olivos; y sus discípulos también le siguieron. Cuando llegó a aquel lugar, les dijo:* **Orad que no entréis en tentación.** *Y él se apartó de ellos a distancia como de un tiro de piedra; y puesto de rodillas oró, diciendo:* **Padre, si quieres, pasa de mí esta copa; pero no se haga mi voluntad, sino la tuya.** *Y se le apareció un ángel del cielo para fortalecerle. Y estando en agonía, oraba más intensamente;* **y era su sudor como grandes gotas de sangre que caían hasta la tierra.**
> **Lucas 22:39-44**

Hay dos cosas en este texto que *tenemos* que tener en cuenta. Jesús está orando e intercediendo al Padre, pidiéndole que quite "esta copa" de Él; sin embargo, Él dice que preferiría estar en la voluntad de su Padre, no la suya. Esta turbación le hizo sudar "grandes gotas de sangre." Nuestro Señor estaba batallando con su carne, su mente y sus emociones, hasta el punto que el Dr. Lucas nos dice que Él estaba sudando verdaderas gotas de sangre.

La primera sangre que Jesús derramó por nosotros, no fue la de la cruz, sino que fue en la lucha que tuvo con Sí mismo y de la cual salió triunfante—en el huerto de Getsemaní!

Está científicamente demostrado que, en las condiciones más extremas, como lo es estar en la línea de fuego en una guerra, los soldados y otros han experimentado que los pequeños vasos sanguíneos se rompan debido al estrés, haciendo que gotas de sangre aparezcan sobre sus frentes como sudor.

¿Qué Copa?

Lucas también menciona una copa, "esta copa", que sea quitada por Dios. Dios no responde a esa oración, pero deja la decisión en manos de su Hijo. La copa es el pacto de sangre que pronto se hará a través de Su sacrificio en la Cruz—¡tomando todas nuestras enfermedades, pecados y maldiciones sobre Sí mismo!

Él sabía que estaría llevando *todos* nuestros pecados, maldiciones y enfermedades. Una muerte muy horrible, no solamente una crucifixión "normal" que en sí misma ya era bastante mala! La crucifixión era una muerte lenta, totalmente y vergonzosamente expuesto al público, quien presenciaría sus sufrimientos hasta que tomase su último aliento.

¿Recuerdas la copa de vino que sellaba el pacto de sangre hebreo? Cada vez que nos encontramos con la palabra «copa» en la Biblia, es lenguaje de pacto. Siempre tendrá algo que ver con un pacto!

Previamente, Mateo era un recaudador de impuestos y por lo tanto puso su enfoque sobre diferentes cosas cuando escribió acerca del mismo evento. En Mateo 26 vemos que Jesús está usando el "imperativo bíblico," al repetir su súplica al Padre. La manera más fuerte en que podía suplicarle a Dios para evitar la Cruz, era repitiendo la súplica tres veces. En los tiempos bíblicos no tenían signos imperativos o de exclamación para indicar énfasis— en vez repetían algo importante.

Entonces llegó Jesús con ellos a un lugar que se llama Getsemaní, y dijo a sus discípulos: **Sentaos aquí, entre tanto que voy allí y oro**. *Y tomando a Pedro, y a los dos hijos de Zebedeo, comenzó a entristecerse y a angustiarse en gran manera.* **Entonces Jesús les dijo: Mi alma está muy triste, hasta la muerte; quedaos aquí, y velad conmigo**. *Yendo un poco adelante, se postró sobre su rostro, orando y diciendo:* **Padre mío, si es posible, pase de mí esta copa; pero no sea como yo quiero, sino como tú.***

Vino luego a sus discípulos, y los halló durmiendo, y dijo a Pedro: ¿Así que no habéis podido velar conmigo una hora? **Velad y orad, para que no entréis en tentación; el espíritu a la verdad**

está dispuesto, pero la carne es débil. Otra vez
*fue, y oró por segunda vez, diciendo: **Padre mío, si no***
puede pasar de mí esta copa sin que yo la beba,
hágase tu voluntad.

Mateo 26:36-42

La Promesa y La Profecía

La promesa y la profecía del profeta Isaías en el Antiguo Testamento, 700 años antes del nacimiento de Jesús, se halla en Isaías 53:4-5:

Ciertamente llevó él nuestras enfermedades, y sufrió nuestros
dolores; y nosotros le tuvimos por azotado, por herido de
*Dios y abatido. **Mas él herido fue** por nuestras rebeliones,*
***molido** por nuestros pecados; el castigo de nuestra paz fue*
*sobre él, y **por sus llagas fuimos nosotros curados.***

Esta profecía se cumple en dos Escrituras en el Nuevo Testamento, cada una haciendo referencia a una mitad de la profecía de Isaías. Las hallamos en Primera de Pedro 2:24 y Mateo 8:17.

*quien **llevó** él mismo nuestros pecados en su cuerpo sobre*
el madero, para que nosotros, estando muertos a los pecados,
*vivamos a la justicia; y **por cuya herida fuisteis sanados.***

1 Pedro 2:24

¿Has notado el tiempo pasado— «fuisteis sanados»? La obra está hecha, terminada para que nosotros la podamos recibir y salir adelante en fe. Has sido sanado por el acto del sacrificio en la cruz de Jesús.

Jesús está ministrando y sanando a la gente para cumplir la Escritura en Isaías:

> *para que se cumpliese lo dicho por el profeta*
> *Isaías, cuando dijo:* **El mismo tomó nuestras**
> **enfermedades, y llevó nuestras dolencias.**
> ### Mateo 8:17

En el Imperio romano durante la época cuando nuestro Señor caminaba la tierra, uno de los castigos más usuales era la flagelación de los criminales, dándoles entre 30 a 40 latigazos con un látigo muy especial.

Utilizaban un látigo con cuerdas de cuero a la que se le ataban pedazos muy afilados de huesos o piedras. Cuando se utilizaba este instrumento de tortura, el látigo literalmente arrancaba pedazos de carne de la espalda de la persona hasta que se les exponían los huesos de la espalda. Las "llagas" a las cuales se hace referencia son el resultado de la flagelación de Jesús, que lo dejó con la espalda hecha una herida abierta y sangrando abundantemente.

La persona que estaba siendo azotada perdía mucha sangre durante la terrible experiencia, y era normal que entrase en lo que los médicos llaman un estado de "shock" físico. La persona experimentaba una terrible sed y estaba muy débil, no sólo por el horrible sufrimiento, sino también por razón de la pérdida de sangre.

¿Recuerdas que los romanos mandaron a nuestro Señor Jesús a que cargase con su cruz después de ser azotado? ¡Una cruz de madera maciza de Acacia normalmente pesaba alrededor de 135 kilogramos (298 libras)! La costumbre era la de hacer que el criminal llevase la viga transversal únicamente, que solo, ¡ya pesaba unos 45 kilogramos (99 libras)! Para una persona azotada ya débil por la pérdida de sangre le sería muy difícil aún cargar con un bolso moderno, mucho menos una viga pesada.

La Escritura nos dice que los soldados romanos mandaron a otro hombre para que ayudase a llevar la cruz de nuestro Señor, ya que Él mismo era incapaz de hacerlo (Mateo 27:32).

¿Cómo podemos siquiera empezar a agradecer a nuestro Señor y Salvador por lo que Él ha hecho por nosotros en el huerto de Getsemaní? Por elegir aceptar el plan de Dios, por elegir soportar el dolor y la flagelación, por llevar la cruz (el árbol—nosotros) hasta el Calvario, por haber elegido el ser clavado en la cruz (el árbol—nosotros) para que pudiéramos aceptar libremente el regalo de Su salvación y en última instancia, morar con Él en el cielo por toda la eternidad?

Podemos comenzar con vivir una vida de obediencia llena de amor, aceptando la voluntad de Dios en lugar de la nuestra. Podemos llegar a un entendimiento más profundo del significado de Su sacrificio cuando examinamos la crucifixión del Hijo de Dios, nuestro Redentor.

El Contrato de Éxito

Capítulo 8

La Crucifixión

Ya que Jesús fue obediente al plan que tenía Su Padre de redimir a los hijos que Él había creado, su crucifixión es el sacrificio de sangre supremo. Su sangre es la única pura, limpia, libre de pecado que totalmente borra una vez y para siempre los fracasos y sufrimientos de la humanidad pasados, presentes y futuros—es el sacrificio de sangre final.

A partir del 519 AC se registran diferentes tipos de crucifixión en diferentes partes del mundo. El primer registro histórico de una crucifixión fue en tiempo de Darío, Rey de Persia cuando mandó crucificar a 3.000 de sus antagonistas políticos en Babilonia.[1] Pero la similitud entre todos ellos era que la ejecución espantosa fue diseñada como un espectáculo público para disuadir la actividad delictiva en el pueblo. Era una forma vergonzosa, cruel, inhumana, y extremadamente dolorosa de morir. Afortunadamente, en el año 337 DC, el emperador romano Constantino el Grande abolió la crucifixión como un castigo; por ser demasiado cruel.[2]

Los romanos utilizaban diferentes tipos de cruces, con o sin una viga transversal. Sin embargo, la arqueología ha demostrado que las cruces utilizadas en el momento y el lugar de la crucifixión de nuestro Señor tenían—la forma de una T, con una viga transversal. La cruz normalmente estaba hecha de madera de acacia (véase el capítulo 6, la sección del árbol, para más detalles).

El Proceso de Crucifixión

Cuando Jesús y los soldados llegaron al lugar de la ejecución, basándome en mi investigación y comprensión de la Biblia, puedo imaginar que lo siguiente se llevó a cabo:

La cruz de madera de acacia fue puesta de plano sobre el suelo y Jesús fue colocado encima de ella con Sus espaldas sangrientas y torturadas contra la viga central más larga y con Sus brazos extendidos hacia cada lado sobre la viga transversal. Le estiraron el cuerpo lo más que pudieron.

Luego, clavaron las muñecas y los pies de Jesús a la cruz usando clavos de 13-18 centímetros (5-7 pulgadas) . Por norma general, los clavos se martillaban a través de las muñecas de la persona en lugar de las manos. Las manos no aguantarían el peso de la persona, a menos que los brazos también fueran atados con cuerdas, y cuando la cruz era levantada a la posición vertical, los clavos cortarían a través de las manos. Los pies se colocaban uno encima del otro, y un clavo grande se martillaba a través de ambos. A veces también se clavaban los pies a cada lado de la cruz; pero en el caso de Jesús, fueron clavados juntos a un soporte hecho del mismo tipo de madera.

Tanto los clavos a través de las manos y el clavo a través de los pies magullaban el nervio central que corre a través de todo el cuerpo, causando un dolor insoportable que disparase continuamente a través de Su cuerpo entero. Es el mismo dolor que sentimos cuando nos golpeamos el nervio cubital del codo, el nervio central—multiplicado 1.000 veces!

La cruz en la cual estaba clavado Jesús era abruptamente izada a la posición vertical y se la dejaba caer en un agujero en el suelo. Él trataría de sostenerse, utilizando Sus pies ya magullados para empujarse hacia arriba. ¿Por qué? ¡Para poder respirar! Cuando la cruz estaba de pie en posición vertical, los dos clavos en Sus muñecas eran los únicos puntos que le sostenían el cuerpo. Después de que ya no podía empujar con los pies, Jesús se asfixiaría lentamente, con la clavícula dislocada por el peso.

Este proceso tan terrible de morir podía durar horas o incluso días, antes de que la persona finalmente muriese por asfixia. La Biblia dice que no hubo huesos quebrados en el cuerpo de Jesús (Juan 19:36). Esto es significativo porque los soldados normalmente rompían las piernas de la persona por lo que el proceso podía acelerarse, y el sufrimiento se acortaba. Cuando se rompían las piernas, la persona ya no podía empujar hacia arriba y así moría en cuestión de minutos.

¡Nuestro Señor pasó a través de todo
este proceso terrible por nosotros!

Nuestro Señor pasó a través de todo este proceso terrible por nosotros, primero siendo flagelado de tal manera que la espalda le quedó hecha una herida abierta y sangrante con los huesos expuestos. Después de ser clavado a la cruz, Él pasó por un cierto tiempo, como dice el profeta Isaías, donde fue retorcido y aplastado, llevando sobre Su propio cuerpo, todos nuestros pecados, dolores, y maldiciones en lo emocional, mental y espiritual. (Isaías 53:4-5).

Por primera vez en la vida de Jesús, Él se halló desconectado y abandonado por su Padre Dios (Isaías 53:6). Se identificó el 100 por ciento con la humanidad, que se había desconectado de Dios desde haber pecado en el Jardín del Edén (Isaías 53:11).

Considero que esto constituye la parte más horrible por la que pasó Jesús, frío y solo, abandonado por su Padre amoroso que siempre había estado presente. Esta es la única vez en el proceso donde escuchamos a Jesús clamar en voz alta, ¿Dios mío, Dios mío porque me has abandonado? (Mateo 27: 45)

Un poco más tarde, Jesús decide entregar su Espíritu y morir.

A Jesucristo nunca le rompieron las piernas. No era solamente para que se cumpliesen las Escrituras, sino también porque estaba demostrando al mundo que Él eligió morir por su propia voluntad a su propio tiempo. La crucifixión de nuestro Señor Jesús termina con Su clamor en alta voz, *"¡CONSUMADO ES!"* (Juan 19:30.)

¿Fue realmente posible esto? Los soldados lo miraron espantados diciendo: *"Verdaderamente éste era Hijo de Dios!"* (Mateo 27: 54.) ¿Por qué dijeron eso? Porque habían ejecutado a muchos cientos de criminales y sabían que era imposible el clamar en alta voz cuando una persona se estaba muriendo de asfixia ¡Nadie puede gritar en voz alta cuando ya no le queda voz y la lengua se le queda atrapada en la garganta.

Una Señal Especial

Exactamente al mismo momento en que Jesús decidió entregar su Espíritu, el velo del Templo se rasgó en dos partes.

Ahora bien, esto *no era* una cortinita normal en una pequeña ventana de cocina. Esto era algo que medía 6 metros (unos 20 pies) de altura y 10 centímetros (4 pulgadas) de espesor, todo tejido en una sola pieza!

Ni siquiera cuatro bueyes tirando fuertemente de lados opuestos podrían haberlo rasgado por la mitad. Sin embargo, en el mismo instante que Jesús gritó: "Consumado es" y murió, este velo monstruoso se rasgó por la mitad de cuenta propia—¡Por Dios! (Mateo 27: 51.)

El Contrato de Éxito

La reconciliación con Dios y el "puente" para llevarnos de nuevo a la unión con el Padre Dios, era una realidad. El velo del templo quedó abierto para siempre; y el obstáculo que impedía el que tu y yo entrásemos directamente al trono del Padre fue quitado una vez y por todas.

A partir de ese momento, la salvación y la oración de fe y compromiso eran y siguen siendo el camino para entrar en el Lugar Santísimo. La "Puerta" tiene un nombre: Jesucristo, y nadie viene al Padre Dios a menos que la persona pase a través de Jesús (Juan 10:9; 14:6).

No sólo fue Jesús el que estaba clavado en la cruz, sino también todo pecado que cometimos, estamos cometiendo y cometeremos. Él trajo esperanza a nuestros corazones— una esperanza y una paz en lo mas profundo que nos es incomprensible. Él trae sanidad emocional y restauración en maneras que desafían al razonamiento lógico y hablan exclusivamente a nuestro ser espiritual interno. A través de World Impact Ministries, ayudamos a las personas que están sufriendo a darse cuenta de lo que Jesús hizo por ellas por medio de la crucifixión.

Antes de que Jesús muriese en la cruz, todos estaban separados de Dios, lo que se manifiesta en el sentido de culpabilidad, temor, vergüenza y muerte espiritual. Su verdadera identidad fue destruida, fueron despojados de su dignidad y su autoridad se corrompió—las consecuencias de la desobediencia de los primeros seres humanos en el Jardín del Edén. Lo vil que se deslizó dentro de sus vidas afectó e influyó a toda la creación ... hasta el mismo momento en que Jesús derramó su sangre de vida para la redención de todos.

Debido a la crucifixión, y porque Jesús dio su vida en la cruz para liberarnos, podemos ser verdaderamente libres! ¡Aleluya!

Notas Finales

1. http://religion.lilithezine.com/Historia-de-la-Crucifixión.html; visitada 23 de octubre 2014.

2. http://christianity.about.com/od/goodfriday/a/crucifixionhist.htm; visitada 06 de octubre 2014.

El Contrato de Éxito

Capítulo 9

Ejemplos de Pactos de Sangre en la Biblia

Como se mencionó anteriormente, la Palabra de Dios escribe acerca de los pactos de sangre, tanto en el Antiguo Testamento como en el Nuevo Testamento.

Entre Dos Personas

David y Jonatán

Hemos leído esta Escritura antes, pero volvamos a Primero Samuel 18:1-5 de nuevo para determinar lo que estaban haciendo David y Jonatán.

> *Aconteció que cuando él hubo acabado de hablar con Saúl, el alma de Jonatán quedó ligada con la de David, y lo amó Jonatán como a sí mismo. Y Saúl le tomó aquel día, y no le dejó volver a casa de su padre. E hicieron pacto Jonatán y David, porque él le amaba como*

a sí mismo. **Y Jonatán se quitó el manto que
llevaba**, *y se lo dio a David, y otras ropas suyas,
hasta su espada, su arco **y su talabarte**. Y salía
David a dondequiera que Saúl le enviaba, y se
portaba prudentemente. Y lo puso Saúl sobre gente
de guerra, y era acepto a los ojos de todo el pueblo, y
a los ojos de los siervos de Saúl.*

1 Samuel 18:1-5

¿Puedes ver qué tipo de pacto estaban haciendo David
y Jonatán? Correcto, ellos estaban cortando un pacto de
sangre. Incluso si la Biblia sólo comparte algunas de las
cosas que hicieron, es suficiente para entender lo que
ocurria. Ellos intercambiaban *mantos*: "Todo lo que eran
y todo lo que tenían", y *cinturones (talabartes)* - protección
hasta la muerte.

Jonatán y David intercambiaron todo lo que eran y todo
lo que tenían entre sí. Eso incluía su estatus en la vida. Se
convirtieron en uno y amigos para el resto de sus vidas.
Él que moría primero dejaría todo al otro. Ahora bien,
recuerda que Jonatán era el hijo del rey Saúl, el príncipe
y heredero legítimo del reino de Israel. Así que después
de haberse convertido en amigos de pacto de sangre, lo
compartían todo; y como David era uno con Jonatán, él
era el heredero legítimo al trono, si Jonatán moría. Como
probablemente sabes, Jonatán si murió, y eso lo dejó a
David como heredero legítimo del trono!

Sabemos que Dios ungió espiritualmente a David como rey, siendo un hombre muy joven, pero ahora vemos que el pueblo de Israel sabía exactamente lo que significaba el pacto de sangre entre el Príncipe Jonatán y David. Cuando llegó el momento, aceptaron a David como rey elegido legítimamente.

Es típico de nuestro Dios el que haga las cosas a fondo. No sólo fue David ungido espiritualmente por medio del profeta, ahora estaba cortando un pacto de sangre con el heredero al trono—Jonatán, convirtiéndose en "coheredero" al trono de Israel.

Elías y Eliseo

En 1 Reyes 19:16-21 hallamos:

> *"A Jehú hijo de Nimsi ungirás por rey sobre Israel; y a Eliseo hijo de Safat, de Abel-mehola, ungirás para que sea profeta en tu lugar. Y el que escapare de la espada de Hazael, Jehú lo matará; y el que escapare de la espada de Jehú, Eliseo lo matará. Y yo haré que queden en Israel siete mil, cuyas rodillas no se doblaron ante Baal, y cuyas bocas no lo besaron. **Partiendo él de allí, halló a Eliseo hijo de Safat, que araba con doce yuntas delante de sí, y él tenía la última. Y pasando Elías por delante de él, echó sobre él su manto.** Entonces dejando él los bueyes, vino corriendo en pos de Elías, y dijo: Te ruego que me dejes besar a*

mi padre y a mi madre, y luego te seguiré. Y él le dijo: Ve, vuelve; ¿qué te he hecho yo? **Y se volvió, y tomó un par de bueyes y los mató, y con el arado de los bueyes coció la carne, y la dio al pueblo para que comiesen.** *Después se levantó y fue tras Elías, y le servía..*

En este ejemplo vemos claramente dos cosas relacionadas con un pacto de sangre. Elías lanzó su *manto* sobre Eliseo, quien al instante dejó de arar y siguió a Elías como su siervo. Eliseo inmediatamente sabía lo que esto significaba, lo cual le provocó a hacer varias acciones.

En primer lugar vivían en una época en que los pactos de sangre eran algo común. El joven Eliseo era un heredero rico, el hijo de un padre rico. Él estaba arando con doce yuntas de bueyes, no una sola. Elías era un profeta bien conocido y la voz de Dios durante la misma época.

Cuando el profeta Elías arrojó su manto sobre él mientras pasaba por ese lugar, sabía que se trataba de un pacto y *que a partir de ese momento, todo lo que el profeta Elías tenía y todo lo que él era se lo estaba dando a él, Eliseo,*

Lo segundo que demuestra que es un pacto de sangre es cuando Eliseo quebró el yugo en pedazos y *mató un buey* (un animal puro), haciendo un sacrificio inmolado y usando el yugo de madera para quemar la carne.

Eliseo pidió permiso para despedirse de sus padres, y desde ese momento él comenzó a seguir a su nuevo mentor y compañero de pacto de sangre - Elías, sirviéndolo como su siervo. Más tarde en su vida, cuando Elías ascendió al cielo, Eliseo recibió el manto de nuevo, cuando cayó sobre él desde lo alto; y no sólo consiguió tener la misma unción que Elías sino que la tuvo en una porción doble.

Recuerda que el manto representa todo lo que una persona es y tiene, y Eliseo le había pedido una doble porción.

Dios y la Humanidad

También hallamos pactos y pactos de sangre entre *Dios y la humanidad*. Después de que Adán pecó, Dios decidió hacer un pacto de protección con su primer hombre, Adán.

En Génesis 3:21 nos encontramos con una prueba de que un pacto de sangre tuvo lugar: *"Y Jehová Dios hizo al hombre y a su mujer túnicas de pieles, y los vistió"* Dios mató y derramó la sangre de un animal, para que Adán y Eva tuviesen túnicas de piel de animal para ponerse. Las túnicas o mantos significan la intención de Dios: "Todo lo que soy y todo lo que tengo es tuyo para protección." El problema estaba en que tenía que ser repetido cada año para ser válida. Esto tuvo lugar en el Antiguo Testamento, unos 4.000 años antes de que Dios enviase a Su Hijo Jesús.

También sabemos que hubo muchas consecuencias que la humanidad tuvo que sufrir porque Adán y Eva rompieron el primer pacto con Dios cuando *acordaron* comer del fruto del árbol de la ciencia del bien y del mal (Génesis 2:16-17; 3:6).

El mundo que vemos alrededor de nosotros hoy en día es la consecuencia del pecado de la humanidad. ¡Qué habríamos hecho sin la misericordia y el sacrificio que nos trajo un Pacto de Sangre Nuevo, cuando el Padre Dios ofreció a su Hijo a que muriese por nosotros! Es muy importante compartir estas Buenas Nuevas con el mundo quebrantado y destruido en el que vivimos.

En la Biblia vemos a Dios hacer pactos de sangre con Noé, Abraham, Isaac, Jacob (más tarde Israel), Moisés y David. Muchas veces la Biblia no menciona ningún detalle específico sobre el pacto de sangre, pero es fácil de discernir por las promesas y los frutos de los diferentes pactos.

Dios, Job y los Amigos de Job

Uno de los pactos de sangre que encuentro muy interesante en la Palabra de Dios está en el libro más antiguo de la Biblia, el libro de Job.

Puedes leer la historia completa por ti mismo; es toda acerca de Job, un verdadero siervo de Dios del cual Dios está muy orgulloso, porque es muy justo en todo lo que hace.

Pero Job tiene un gran temor. Sus hijos no son muy honrados y no se comportan bien, Así que, Job se pasa el tiempo temiendo de que algo les vaya a suceder.

El diablo acusa a Job delante de Dios continuamente, diciéndole a Dios que es fácil para Job ser un buen hombre, ya que Dios lo está malcriando con darle riquezas y todo lo demás. Al diablo se le da el derecho de probar a Job, y comienza con matar a sus hijos, pero Job continúa adorando a Dios. El diablo lanza una gran cantidad de ataques y priva a Job de todo, sólo para encontrar que Job todavía sigue adorando a Dios. Finalmente el diablo le dice a Dios, "Job tiene un pacto de protección Contigo. ¿Cómo puedo probar si todavía te adora sin tener esa protección mientras que Tu le proteges?" (Job 1:9-11; 2:4-5).

Dios permite al diablo probar a Job como el quiera, pero no le permite quitarle la vida. Job aún tiene un pacto con Dios que le protege la vida. En el transcurso de las pruebas, Job lo pierde todo, sus hijos y sus riquezas. También se pone muy enfermo, sentado en medio de su autocompasión, pero nunca culpa a Dios. Todo el mundo lo ha dejado, incluso su familia y parientes. Su esposa se queda y se queja.

Entonces vemos que un pacto de sangre repentinamente entra en acción con la aparición de los tres *amigos* (Job 2:11). Todo el mundo había dejado a Job; ¿por qué vienen estos tres amigos justo ahora? ¡Porque tuvieron que hacerlo! Ellos, obviamente, tenían un pacto de sangre con Job anteriormente, cuando él era un hombre rico con éxito y estaban obligados a ayudarlo y apoyarlo. Llamándolos amigos nos muestra que eran amigos de pacto de sangre de Job. Estos fueron los únicos individuos llamados amigos durante este período de los patriarcas.

El Contrato de Éxito

Los amigos aconsejaron a Job, muy mal, pero se quedaron con él por obligación. Job finalmente fue convencido por sus amigos de quejarse a Dios por su condición. Dios lo reprende y él se arrepiente:

> *Además respondió Jehová a Job, y dijo: ¿Es sabiduría contender con el Omnipotente? El que disputa con Dios, responda a esto. Entonces respondió Job a Jehová, y dijo: He aquí que yo soy vil; ¿qué te responderé? Mi mano pongo sobre mi boca. Una vez hablé, mas no responderé; Aun dos veces, mas no volveré a hablar.*
>
> ### Job 40:1-5

Básicamente lo que Job está diciendo es: "voy a callar. Tú eres Dios y sabes mejor". ¡Entonces sucede algo muy importante!: Dios le pide a Job a que ore por sus amigos y Él hará un pacto nuevo con él. A ver si puedes reconocer lo que está sucediendo en estos próximos versículos:

> *Y **quitó Jehová la aflicción de Job, cuando él hubo orado por sus amigos**; y aumentó al doble todas las cosas que habían sido de Job. Y **vinieron a él todos sus hermanos y todas sus hermanas, y todos los que antes le habían conocido, y comieron con él pan en su casa**, y se condolieron de él, y le consolaron de todo aquel mal que Jehová había traído sobre él; y **cada uno de ellos le dio una pieza de dinero y un anillo de oro**. Y bendijo Jehová el postrer estado de Job más que el primero...*
>
> ### (Job 42:10-13).

¿Puedes ver el pacto de sangre? La gente vino de nuevo a Job y no sólo hacen un sacrificio de animales limpios, sino que la familia se reconcilia y todo el mundo le da a Job una moneda de plata y anillos de oro. Está bastante escondido ¿no? Un puro pacto de sangre con intercambio de regalos.

Creo que hay muchos tesoros ocultos en la Palabra de Dios. Cuanto más estudiamos el pacto de sangre hebreo más se nos abre la Palabra. Realmente es un cambio de vida.

Jesús, Tú y Yo

Casi cada vez que vemos la palabra "copa" en la Biblia es lenguaje de pacto. Cada vez que vemos la palabra "amigo", es lo mismo. Permítame terminar esta sección de ejemplos con nuestro Señor Jesús cuando habla lenguaje de pacto en Juan 17. Sabiendo que Él iba a la cruz para hacer un nuevo y eterno pacto de sangre mejor, irrompible, que nos permite recibirlo como nuestro Señor y para siempre ser reconciliados con el Padre, Jesús ora:

*Mas no ruego solamente por éstos, sino también por los que han de creer en mí por la palabra de ellos [¡habla de nosotros!], **para que todos sean uno; como tú, oh Padre, en mí, y yo en ti, que también ellos sean uno en nosotros;** para que el mundo crea que tú me enviaste. La gloria que me diste, yo les he dado, para que sean uno, así como nosotros somos uno. **Yo en ellos, y tú en mí, para que sean perfectos en unidad,*** *para que el mundo conozca que tú me enviaste, y que **los has amado a ellos como también a mí me has amado**.*

Juan 17:20-23

Jesús está hablando el lenguaje de pacto de sangre: Yo en Ti, Tú en Mí; Nosotros en ellos y ellos en Nosotros! Ya no somos personas independientes, como Jesús es uno con el Padre, ahora somos uno con Él, y "en Él" con el Padre.

También somos uno - los unos con los otros - como hermanos y hermanas cristianos!

Es por eso que Jesús odia la división en su cuerpo, la iglesia. División significa que no hemos comprendido que somos uno y amigos para siempre de acuerdo con el pacto de sangre hecho por nuestro Señor. Un pacto de sangre en la que hemos entrado mediante la salvación a través de Él.

Capítulo 10

Los Pactos de Sangre Antiguos y Nuevos

Los pactos de sangre se encuentran en la Biblia en el Antiguo Testamento (Pacto) y el Nuevo Testamento (Pacto). Los ejemplos de pactos de sangre en el Antiguo Pacto incluyen la circuncisión de la carne. Antes de que Jesús vino a redimir a la humanidad, la naturaleza de la gente era pecaminosa, y cada año tenían que sacrificar animales puros y limpios para cubrir sus pecados.

El Antiguo Pacto

El pacto iniciado por Dios con Moisés en el Monte Sinaí fue ratificado a través de sacrificios de sangre:

Ahora, pues, si diereis oído a mi voz, y guardareis mi pacto, vosotros seréis mi especial tesoro sobre todos los pueblos; porque mía es toda la tierra.

Éxodo 19:5

El Contrato de Éxito

*Y Moisés tomó la mitad de la sangre, y la puso en tazones,
y esparció la otra mitad de la sangre sobre el altar. Y
tomó **el libro del pacto** y lo leyó a oídos del pueblo, el
cual dijo: Haremos todas las cosas que Jehová ha dicho, y
obedeceremos. Entonces Moisés **tomó la sangre y roció
sobre el pueblo**, y dijo: He aquí **la sangre del pacto que
Jehová ha hecho con vosotros** sobre todas estas cosas.*
Éxodo 24:6-8

*pero en la segunda parte, sólo el sumo sacerdote **una
vez al año, no sin sangre**, la cual ofrece por sí
mismo y por los pecados de ignorancia del pueblo;*
Hebreos 9:7

Este pacto de sangre no anuló el pacto Abrahamico:

*Ahora bien, a Abraham fueron hechas las promesas, y a su
simiente. No dice: Y a las simientes, como si hablase de muchos,
sino como de uno: Y a tu simiente, la cual es Cristo. Esto,
pues, digo: **El pacto previamente ratificado por Dios
para con Cristo, la ley** que vino cuatro cientos treinta
años después, no lo abroga, para invalidar la promesa. Porque
si la herencia es por la ley, ya no es por la promesa; pero
Dios la concedió a Abraham mediante la promesa.*
Gálatas 3:16-18

La ley existía para llevarnos a Cristo:

De manera que la ley ha sido nuestro ayo, para llevarnos
a Cristo, a fin de que fuésemos justificados por la
fe. Pero venida la fe, ya no estamos bajo ayo,
Gálatas 3:24-25

La ley consiste en el atrio de afuera del Tabernáculo:

Y así dispuestas estas cosas, en la primera parte del
tabernáculo entran los sacerdotes continuamente
para cumplir los oficios del culto;
Hebreos 9:6

El pacto fue sellado mediante la circuncisión:

Este es mi pacto, que guardaréis entre mí y vosotros y tu
descendencia después de ti: Será circuncidado todo varón
de entre vosotros. Circuncidaréis, pues, la carne de vuestro
prepucio, y será por señal del pacto entre mí y vosotros.
Génesis 17:10-11

El Nuevo Pacto

Nuestra fe en la sangre de Jesús y la circuncisión en el Espíritu nos da el nuevo nacimiento y la anulación total del pecado. El Nuevo Pacto—el nuevo nacimiento en Cristo—fue prometido por Dios en el Jardín del Edén y también proclamado a Abraham.

Y pondré enemistad entre ti y la mujer, y entre
tu simiente y la simiente suya; ésta te herirá en
la cabeza, y tú le herirás en el calcañar.
Génesis 3:15

Bendeciré a los que te bendijeren, y a los que te maldijeren
maldeciré; y serán benditas en ti todas las familias de la tierra
Génesis 12:3

El Nuevo Pacto y el nuevo nacimiento están fechados en la profecía de Daniel:

Setenta semanas están determinadas sobre tu
pueblo y sobre tu santa ciudad, para terminar la
prevaricación, y poner fin al pecado, y expiar la
iniquidad, para traer la justicia perdurable, y sellar
la visión y la profecía, y ungir al Santo de los
santos. Sabe, pues, y entiende, que desde la salida de
la orden para restaurar y edificar a Jerusalén hasta
el Mesías Príncipe, habrá siete semanas, y sesenta y
dos semanas; se volverá a edificar la plaza y el muro
en tiempos angustiosos. Y después de las sesenta y
dos semanas se quitará la vida al Mesías, mas no
por sí; y el pueblo de un príncipe que ha de venir
destruirá la ciudad y el santuario; y su fin será con
inundación, y hasta el fin de la guerra durarán las
devastaciones. Y por otra semana confirmará el pacto
con muchos; a la mitad de la semana hará cesar el

sacrificio y la ofrenda. Después con la muchedumbre de las abominaciones vendrá el desolador, hasta que venga la consumación, y lo que está determinado se derrame sobre el desolador.

Daniel 9:24-27

El máximo pacto de sangre se cumplió en Cristo Jesús como se había dicho en la profecía de Zacarías hablando sobre Juan el Bautista:

*Bendito el Señor Dios de Israel, Que ha visitado y redimido a su pueblo, Y nos levantó un poderoso Salvador En la casa de David su siervo, Como habló por boca de sus santos profetas que fueron desde el principio; Salvación de nuestros enemigos, y de la mano de todos los que nos aborrecieron; Para hacer misericordia con nuestros padres, **Y acordarse de su santo pacto**; Del juramento que hizo a Abraham nuestro padre, Que nos había de conceder Que, librados de nuestros enemigos, Sin temor le serviríamos En santidad y en justicia delante de él, todos nuestros días. Y tú, niño, profeta del Altísimo serás llamado; Porque irás delante de la presencia del Señor, para preparar sus caminos; **Para dar conocimiento de salvación a su pueblo, Para perdón de sus pecados, Por la entrañable misericordia de nuestro Dios**, Con que nos visitó desde lo alto la aurora, Para dar luz a los que*

habitan en tinieblas y en sombra de muerte; Para
encaminar nuestros pies por camino de paz.
Lucas 1:68-79

El Nuevo Pacto fue ratificado en la sangre de Jesús:

*y no por sangre de machos cabríos ni de becerros, **sino***
***por su propia sangre**, entró una vez para siempre en el*
Lugar Santísimo, habiendo obtenido eterna redención.
Hebreos 9:12

El Nuevo Pacto es recordado en la Cena del Señor y se lo
llama eterno, imperecedero:

Asimismo tomó también la copa, después de haber cenado,
*diciendo: Esta copa es **el nuevo pacto en mi sangre;** haced*
esto todas las veces que la bebiereis, en memoria de mí.
1 Corintios 11:25

Y el Dios de paz que resucitó de los muertos a
nuestro Señor Jesucristo, el gran pastor de las
*ovejas, **por la sangre del pacto eterno**,*
Hebreos 13:20

Capítulo 11

Obstáculos Que Nos Impiden Vivir en las Bendiciones de Dios

E stoy segura de que a estas alturas ya tienes una buena idea de lo fuerte y poderoso que eres como un hijo de Dios y coheredero con Cristo en el Reino. El objetivo de este libro es mostrarte con mayor claridad quién eres en Cristo por medio del pacto de sangre de la salvación. Me bendice el saber que tu estás en el proceso de maduración para ser más como nuestro Señor, Líder y Amigo de Pacto, Jesús.

Entonces ¿por qué no está todo hijo de Dios caminando y viviendo en esta autoridad y poder?

Lo que sigue son cuatro obstáculos importantes que nos impiden caminar en el poder y la autoridad del Reino de Dios, mientras vivimos aquí en la tierra. Algunos posiblemente los sepas—otros puede que sean revelaciones totalmente nuevas. Oro para que consideres seriamente y ores acerca de cada uno.

1. Viviendo en una relación fuera del matrimonio.

2. Abuso o violación sexual.

3. Maldiciones generacionales.

4. La falta de perdón y la critica

Revisaremos cada una de estas áreas con más profundidad.

Viviendo en una relación fuera del matrimonio.

El pacto del matrimonio es un verdadero pacto de sangre y tiene muchas implicaciones espirituales. El hombre y la mujer en un pacto de sangre se lo intercambian todo, todo lo que son y todo lo que tienen, lo bueno y lo malo.

Si tu estás viviendo en una relación íntima fuera del matrimonio o cambiando de compañeros frecuentemente, algo muy habitual hoy en día, tendrás varios pactos de sangre; eso significa que todo lo malo y todo lo bueno que cada persona tenía mientras estaba en una relación íntima contigo, ahora te lo ha pasado a ti.

He estado ministrando sanidad emocional y restauración a mujeres y hombres por más de 20 años, y la siguiente verdad la comparto por experiencia de vida propia: como un ministerio puedo orar por ti, pero los *pactos de sangre son personales. Donde hay un pacto de sangre, tu mismo tienes que orar y renunciar a él para detener y romper su control sobre ti.*

Lo siguiente es mi sugerencia sobre cómo se pueden romper pactos de sangre insanos. Siendo un hijo de Dios, es necesario *que te arrepientas y renuncies a todos los pactos de sangre que jamás hayas hecho por estar en una relación íntima con otra persona, fuera del matrimonio.*

Si has estado casado varias veces, *los cónyuges con los cuales ya no vives necesitan ser renunciados y cortados de tu vida.* Es necesario nombrar a cada persona, o si no recuerdas el nombre, puedes mencionar a la persona mediante la situación. Tu y Dios sabéis a quién te refieres.

Puedes orar algo así:

> *Padre, en el nombre de Jesús, por favor perdóname por haber violado tu pacto de sangre y haber pecado. Renuncio a todo lo que (mencionar el nombre) me ha dado, y recupero todo lo que le he dado a (nombre). Corto todos los lazos físicos, cada lazo emocional, cada lazo espiritual y mental con (nombre), y yo me proclamo a mi mismo ¡libre de (nombre)!*

Repite esta oración, usando el nombre de cada persona, para cada relación íntima que hayas tenido.

Formando una relación de pacto de sangre es mucho más grave de lo que la mayoría de la gente entiende hoy en la época de enlaces íntimos casuales. Después de esta oración a Dios, podrás notar una diferencia en la paz de tu mente, tu alma y tu espíritu.

Abuso o violación sexual.

Lamentablemente, en el mundo hay muchos niños que han sido violados y abusados sexualmente. También hay muchas mujeres que nunca denuncian el abuso o violación y que incluso no hablan de ello por causa de la vergüenza y el dolor asociado con la experiencia.

El violador hizo que un pacto de sangre se formó sin el consentimiento de la otra persona, lo cual deja profundas heridas en la víctima.

Cuántas veces has oído a una mujer, decir: "Me parece que atraigo a los hombres menos indicados una y otra vez. Hombres que me abusan, que son violentos, que beben, etc."

Cuando una persona es víctima de abuso o violación sexual, todos los demonios perversos y basura que el infractor trae consigo, son transmitidos ¡aún siendo niño! Estos poderes del mal tienen el "derecho" de vivir dentro de la persona hasta que algo se haga acerca del asunto, personalmente.

¡Definitivamente hay algo que se puede hacer acerca de esto! ¡Las víctimas pueden proclamarse libres del abusador cortando todos los lazos! Si tu has sido víctima de abuso—ya sea sexual, mental, físico o emocional, tu puedes liberarte a ti mismo hoy, ahora mismo, usando la oración arriba. Dios es fiel para sanar tus heridas.

Ahora que tu eres consciente de las implicaciones de un pacto de sangre, puedes explicarle a otros: "Tienes que orar para renunciar el pacto de sangre hecho y proclamarte a ti mismo libre de la persona que abusó de ti." La violación del pacto de sangre sigue a la persona y a su familia durante generaciones en forma de maldiciones.

He visto grandes liberaciones llevarse a cabo por hacer esta oración. Todos los flashbacks horribles e "imágenes mentales" que han frecuentado a una persona durante años de repente desaparecen. *¡Dios libera a las personas de pactos a través del pacto de sangre en Jesucristo y el nombre de Jesús, que es más fuerte que cualquier otro nombre y pacto!*

No dudes en ponerte en contacto con mi ministerio para obtener más información sobre este tema, usando nuestros datos de contacto al final de este libro. Ministramos en estas áreas frecuentemente y podemos ayudarte a sanar.

Maldiciones generacionales.

Otro obstáculo que te puede impedir caminar en la vida abundante del nuevo pacto en la sangre de Cristo son las maldiciones generacionales.

Si tu sabes que ha habido niños nacidos fuera del matrimonio en tu familia, a través del adulterio o fornicación, es muy probable que algo se haya transmitido de generación en generación a ti y a tus hijos.

Alguien antes de ti ha pecado y ha roto el pacto de sangre, y como resultado las maldiciones lo afectan a él y a su familia.

Una maldición generacional puede manifestarse como una depresión, una adicción o enfermedad. Por ejemplo, tu madre tuvo cáncer y tu abuela tenía cáncer. Tal vez tu estés deprimida, tu tía está deprimida, y tu abuelo sufría de depresión.

El pacto de sangre en Jesucristo puede romper totalmente cualquier maldición de enfermedad y detenerla para siempre para que no siga por la rama familiar.

Muchos médicos hoy en día hablan de la enfermedad heredada genéticamente, pero sabemos que el pacto de sangre en Jesucristo puede romper totalmente cualquier maldición de enfermedad y detenerla para siempre para que no siga por la rama familiar.

Para asegurarte de que no existe ninguna maldición generacional, tu puedes orar una oración para quebrantarla. Puedes ponerte espiritualmente en la "brecha" para tus antepasados. Debido a que son miembros de tu familia, tienes la autoridad de orar en nombre de los que han fallecido (no para las personas aún vivas, ellas tienen que arrepentirse por sí mismas).

Se sugiere la siguiente oración para romper maldiciones generacionales:

Padre Dios, en el nombre de Jesús, me pongo en la brecha por mis antepasados. Te pido perdón por cualquier pecado cometido por ellos o a través de ellos. Renuncio a cualquier pacto de sangre a través de la fornicación o el adulterio en su nombre, y cancelo cualquier maldición que se haya creado como resultado de un pacto de sangre, de tal manera que haya llegado a mi familia y a mí. ¡Me proclamo libre!

Cualquier niño nacido fuera del matrimonio, fruto de una relación adúltera (relación íntima con una persona mientras estaba casado con otra persona) o la fornicación (relación íntima *sin estar casado con* a la persona), provoca una maldición durante diez generaciones.

*No entrará **bastardo** en la congregación de Jehová; ni **hasta la décima generación** no entrarán en la congregación de Jehová.*
(Deuteronomio 23:2).

Debido al nuevo pacto de sangre con Jesús que es poderoso y capaz de salvar, podemos orar y cambiar esto para nosotros y para los hijos que vienen detrás nuestro. Siempre oramos al Padre en el nombre de Jesús, porque eso es lo que el Señor nos ha instruido que hagamos, para que podamos tener lo que pedimos y oramos.

El Señor Jesús nos dice en Juan 15:16:

No me elegisteis vosotros a mí, sino que yo os elegí a vosotros, y os he puesto para que vayáis y llevéis fruto,

*y vuestro fruto permanezca; **para que todo lo que
pidiereis al Padre en mi nombre, él os lo dé.***

Pueden haber otros obstáculos que te estén impidiendo vivir en la abundancia de tu nuevo pacto de sangre con Cristo, donde hay protección, salud, paz, gozo y recursos más que suficientes. Seguramente reconocerás algunas de estas cosas, *pero ¿estás dispuesta a orar acerca de ellos y cambiar tu comportamiento, tu estilo de vida, tus hábitos, etc.?*

¿O simplemente dices y piensas, «Jesús me ama tal como soy»? Estoy segura de que tienes razón, pero eso no significa que estés viviendo en Él y en Sus provisiones, de la forma en que lo podrías hacer después de comprender y tomar en serio las implicaciones de un pacto de sangre.

Leemos en Gálatas 5 acerca de todas las obras de la carne y los malos frutos que causan. Me gustaría hacer hincapié en el final de ese capítulo para ver donde nos lleva el mal si no hay arrepentimiento y cambio en nuestras vidas:

*Y manifiestas son las obras de la carne, que son: adulterio,
fornicación, inmundicia, lascivia, idolatría, hechicerías,
enemistades, pleitos, celos, iras, contiendas, disensiones,
herejías, envidias, homicidios, borracheras, orgías, y
cosas semejantes a estas; acerca de las cuales os amonesto,
como ya os lo he dicho antes, **que los que practican
tales cosas no heredarán el reino de Dios***
Gálatas 5:19-21

Me parece bastante claro dónde vamos a terminar si no nos arrepentimos y cambiamos nuestra manera de vivir.

La falta de perdón y la critica

¡Dos obstáculos serios que nos impiden vivir con abundancia y éxito!

Primero vamos a hablar de la falta de perdón. La Palabra de Dios es muy clara en esto.

mas si no perdonáis a los hombres sus ofensas, tampoco vuestro Padre os perdonará vuestras ofensas.

Mateo 6:15

Porque si vosotros no perdonáis, tampoco vuestro Padre que está en los cielos os perdonará vuestras ofensas.

Marcos 11:26

Yo *no* tengo el lujo de no perdonar a otra persona, incluso si lo que esa persona hizo, fue totalmente incorrecto e injusto.

Tenemos que dejar que Dios juzgue a la persona, y realmente creo que Él es mucho más capaz de hacerlo que nosotros. Dios juzgará a la persona *si tu la liberas y perdonas*. Dios está al tanto de cuando alguien daña a uno de sus hijos ungidos (tu y yo). La falta de perdón puede llegar a provocar la pérdida de tu derecho de entrar en el Reino de los cielos. Por favor, no permitas que eso suceda.

Podrías estar en una situación en la que puedes perdonar a la gente que te rodea, pero no te puedes perdonar a ti mismo por algo que hiciste.

Uno de los lugares que a menudo encontramos esto durante el ministerio de sanidad emocional es en mujeres que han tenido abortos.

Si tu has tenido un aborto provocado o un aborto involuntario, por favor, lee esta parte cuidadosamente.

En primer lugar, quiero que sepas que tu bebé está con Jesús, él o ella no se perdió. En segundo lugar, tienes que perdonarte a ti misma y liberar a tu bebé. Hemos tenido tantas liberaciones maravillosas de mujeres con estos sencillos pasos.

1. Si el aborto fue provocado, pídele a Dios que te perdone por haber matado a tu bebé. Permíteme que te recuerde un versículo de la Biblia: 1 Juan 1:9 dice, *"Si confesamos nuestros pecados, él es fiel y justo para perdonar nuestros pecados, y limpiarnos de toda maldad."* Dice "toda" – ¡esto incluye todo!

2. Pregúntale a Dios si tu bebé era un niño o una niña. Él te lo dirá, o te dará una sensación de una manera u otra—te lo hará saber.

3. Ahora que ya sabes el sexo del bebé: nombra a tu hijo.

4. Ora y suelta al bebé a los brazos de Dios

- *Padre, en el nombre de Jesús, yo desato (nombre del bebé) en tus brazos. Te agradezco que cuides de él / ella por mí hasta el día que llego al cielo.*

5. Rompe un espíritu de muerte sobre tu vientre. Si se provocó el aborto, rompe también un espíritu de asesinato.

- *Padre, en el nombre de Jesús rompo el espíritu de muerte (y un espíritu de asesinato) sobre mi vientre. Te doy gracias por llenar mi vientre con Tu vida.*

¿Y qué de la crítica—el criticar a los demás? En mi experiencia, este es uno de los pecados más malvados y hábitos más difíciles de romper, y se encuentra descontrolado en todas partes hoy—incluso en el Cuerpo de Cristo, la iglesia.

La crítica es en realidad un "asesinato" con palabras (y pensamientos), debido al orgullo, el odio, los celos, o la inseguridad. ¡La crítica es ser orgulloso, poniéndose uno sobre otros para juzgarlos! La Biblia dice que no juzguéis o seréis juzgados (Mateo 7:1). Dios dice *Él* juzgará, y Él es realmente el único que puede hacerlo, como Él ve todos los corazones y todas las intenciones (Salmo 9:8). Él es el único que tiene acceso a "todo el lote", por así decirlo.

Donde hay falta de perdón, normalmente habrá crítica y odio también. Somos hijos de Dios y hermanos en el Reino, tenemos que dejar de criticar y hacer lo que dice el Segundo Mandamiento: Amarás a tu prójimo como a ti mismo.

Cuando mostramos amor por los demás, la sociedad va a reconocernos como hijos de Dios. ¡Dios ha puesto una gran responsabilidad sobre nosotros los cristianos, de que seamos ejemplos de amor y cariño para que el mundo pueda "ver" a Dios y ser salvo.

Donde hay falta de perdón, habrá crítica y odio también.

Creo que podemos y vamos a amarnos unos a otros cuando entendamos lo que realmente tenemos en y a través de la nueva alianza en la sangre de Cristo Jesús. También creo que sabemos cuando estamos viviendo en cualquier tipo de pecado, porque la convicción del Espíritu Santo será muy fuerte en nuestras vidas. Esto siempre es cierto a menos que decidamos continuar en el pecado durante un período de tiempo largo. Entonces nos volvemos inmunes a la voz suave y apacible de Dios— elegimos no escucharlo.

Date prisa y arrepiéntete, pide perdón y cambia tu vida!

Otra vez, 1 Juan 1:9 dice, *"Si confesamos nuestros pecados, él es fiel y justo para perdonar nuestros pecados, y limpiarnos de toda maldad."* Esta es una buena Escritura para el uso diario en tu tiempo de oración, para asegurar el que continúes viviendo una vida que glorifica a Dios.

Tu y yo realmente no queremos "crucificar a nuestro Señor" pecando una y otra vez y rompiendo Su pacto de sangre. Eso le duele a nuestro amado Señor y Salvador.

Vamos a apoderarnos de todo lo que sea posible mediante el poder y la autoridad a nuestra disposición, ocupándonos de nuestra salvación, madurando y arrepintiéndonos de todo lo que nos pueda impedir el seguir adelante.

En Habacuc 2:14, hallamos la visión completa de Dios para la humanidad, Su meta y pasión: *"Porque la tierra será llena del conocimiento de la gloria de Jehová, como las aguas cubren el mar."*

Dios quiere ver a toda la tierra salva y reconciliada con Él. Si cada uno de nosotros hacemos nuestra parte, estamos un paso más cerca de ver la visión de Dios cumplida.

El Contrato de Éxito

Capítulo 12

Aplicación para el Mercado

¿Qué es el Mercado laboral?

El "mercado laboral" es el término utilizado para el lugar donde trabajamos en la sociedad. Si no estás empleado en una iglesia local, estás trabajando en el mercado laboral.

Tu vida diaria en tu empleo es una parte muy importante de vivir tu vida en el pacto de sangre con Cristo. Si eres dueño de un negocio o empleado de alguien, todavía tienes que cumplir con ciertos requisitos del pacto de sangre con Dios. Necesitas hacer a Jesucristo el Señor de tu vida, tanto en tu vida personal como en tu trabajo.

Si eres dueño de tu propio negocio, ¿es el negocio tuyo o le pertenece a Él? Si eres empleado, ¿trabajas sólo para recibir tu cheque, o trabajas para tu jefe como si fuera para Dios?

El pacto de sangre entre tu y Jesús exige la integridad y honestidad en todas las facetas de tu vida y de tu trabajo.

Nuestro Propósito

Como cristianos es nuestro propósito traer al Reino de Dios y a Cristo a nuestras empresas, a los lugares de trabajo, a nuestras profesiones, a las universidades, a las escuelas, a los ayuntamientos, al gobierno y a los políticos.

Todos tenemos que servir a Dios en la iglesia local, pero una gran cantidad de personas tienen su principal llamado en el mercado laboral. Es necesario comprender claramente que tu llamado al mercado laboral *es un ministerio válido de Dios,* si no eres llamado al ministerio a tiempo completo en la iglesia.

Todos los ministerios que funcionan dentro de la iglesia, también están funcionando en el mercado laboral, incluyendo los cinco ministerios y todos los ministerios de ayuda. Hay cristianos que tienen una *unción* para los cinco ministerios (apóstol, profeta, maestro, evangelista y pastor), pero su *llamado* es al mercado laboral y no a la iglesia. Ellos asisten y sirven en su iglesia, pero su *llamado principal* es para el mercado laboral.

Un típico ministerio apostólico al mercado laboral es un líder de negocios quien está estableciendo varias empresas, iniciando nuevas innovaciones, y tomando numerosos riesgos calculados.

Lo mismo con el ministerio pastoral que por lo general son aquellos llamados a las profesiones que cuidan y atienden a las necesidades de la gente, tales como son los médicos y las enfermeras, e incluso líderes que ayudan a las empresas a sobrevivir y a funcionar adecuadamente. Estoy segura que tú también puedes pensar en ejemplos de los llamados de maestros, profetas y evangelistas.

Hay personas que trabajan en el ministerio de ayuda en el mercado laboral, tales como músicos, cantantes, escritores, consejeros y otros.

La Meta de un Llamado al Mercado Laboral

Nuestro llamado clave al mercado laboral es ser la herramienta que utiliza Dios *para introducir a Cristo al mercado laboral y la gente en el mercado laboral a Cristo.*

Los siguientes son ejemplos en la Biblia:

Dios utiliza el símbolo de un asno para explicar los negocios y el trabajo: *"Atando a la vid su pollino, Y a la cepa el hijo de su asna, Lavó en el vino su vestido, Y en la sangre de uvas su manto."* (Génesis 49:11). Esta es la palabra profética que Jacob habló sobre su hijo Judá.

En el Antiguo Testamento, el asno fue utilizado como un animal de carga, o sea para llevar las cargas al mercado. Era el furgón o furgoneta de la época. En Génesis 49:11, Dios está diciendo: "Quédate cerca y vincula tu trabajo o negocio a mí, a la Vid, de modo que pueda ser protegido por Mi sangre, ¡el vino!"

En el Antiguo Pacto de Sangre de protección, por medio de la Ley, el pueblo necesitaba estar comprometido a Dios por medio de los sacrificios. En el Nuevo Testamento, el asno (tu trabajo o negocio) se desata cuando tú lo traes contigo al Señor Jesús. Es el Pacto de Sangre Nuevo en Cristo que te liberó a ti, y todo lo que eres y tienes siempre y cuando, tú se lo des todo a Él, a Jesús. Como ya he dicho, tienes que preguntarte: *"¿Es mi negocio o es el Suyo?"*

Jesús les dijo a Sus discípulos:

> *... Id a la aldea que está enfrente de vosotros, y*
> *luego hallaréis una asna atada, y un pollino con ella;*
> *desatadla, y traédmelos. Y si alguien os dijere algo,*
> *decid: El Señor los necesita; y luego los enviará.*
>
> **Mateo 21:2-3**

Un asno atado a otra cosa que no sea Dios significa que tu negocio o vida laboral está amarrada en la esclavitud, sin libertad. Es una expresión de la maldición que vino con el pecado. La libertad viene como el resultado de la obediencia y cumplir con la Palabra de Dios. El asno (tu negocio o trabajo) es liberado cuando tú admites que "el Señor lo necesita." El Rey quiere manifestar su señorío sobre tu vida profesional y personal para que Su propósito se cumpla.

Después de que la gente se convierte a Cristo, su asno tiene que ser "salvado" también. Su profesión, empresa, vida laboral deben ser dedicados al Señor - asignando su misión y visión a la promoción de Su Reino.

Las Dos Caras de un Pacto de Negocio

Natural	**Espiritual**
La Idea para el Negocio	El llamado y la Visión
Producto	Obediencia
Mercado	Fe
Éxito	Frutos
Libertad	Administración
Testimonio	Manifestación
Posición	Heredero del Reino

---

*Conoce, pues, que Jehová tu Dios es Dios, Dios fiel, que guarda el pacto y la misericordia **a los que le aman y guardan sus mandamientos, hasta mil generaciones;***

Deuteronomio 7:9

¡Continua Viviendo en la Bendición!

Asegúrate de revisar regularmente tu situación espiritual en tu trabajo o negocio. Deja todo en las maravillosas manos de Jesús, y empieza el camino del éxito completo en todas las áreas de la vida por dar.

El Contrato de Éxito

Como embajadores de Cristo en el mercado laboral, así como en el hogar y en la comunidad, Isaías 61:1-3 es un pasaje bueno de tener en cuenta, en realidad son tres versículos bíblicos excelentes para memorizar:

> *El Espíritu de Jehová el Señor está sobre mí, porque me ungió Jehová; me ha enviado a predicar buenas nuevas a los abatidos, a vendar a los quebrantados de corazón, a publicar libertad a los cautivos, y a los presos apertura de la cárcel; a proclamar el año de la buena voluntad de Jehová, y el día de venganza del Dios nuestro; a consolar a todos los enlutados; a ordenar que a los afligidos de Sion se les dé gloria en lugar de ceniza, óleo de gozo en lugar de luto, manto de alegría en lugar del espíritu angustiado; y serán llamados árboles de justicia, plantío de Jehová, para gloria suya.*

Debemos cumplir con nuestra parte, para mantener el contrato para el éxito viable y rentable—cuantas más personas a las cuales predicamos las buenas nuevas, más serán sanadas, liberadas, y llenas de gozo. Cumpliendo nuestra parte del contrato resultará en nuestra recompensa eterna, además de sentir la emoción terrenal que nos produce la experiencia de tener lo mejor que Dios ofrece en nuestros hogares, nuestros trabajos y nuestros ratos de ocio.

En el siguiente capítulo examinaremos el pacto de la economía y como dar.

Economía del Reino = Una Promesa de Abundancia Extrema

¡El Vivir en la Abundancia es una Elección Tuya!

La Economía Bíblica o la Economía del Reino tiene todo que ver con el *dar y el recibir.*

Jesús mismo habla de los diferentes tipos de semilla y el fruto que crece a raíz de ellos. Déjame darte un atajo a una vida financiera abundante llena de paz, buena conciencia, y buenos frutos.

Las Cuatro Maneras Del Pacto para Dar Correctamente :

> **Primicias**
> + **Diezmos**
> + **Ofrendas**
> + **Limosnas**
> = **¡Abundancia!**

Estas cuatro formas son como "fusibles" que están conectadas entre sí y todas son necesarias para producir el máximo resultado! Vamos a ir a través de las cuatro muy rápidamente y después veremos a cada una con más detalle.

- **LAS PRIMICIAS — Honran a Dios y traen bendiciones sobre tu casa, tu familia y tu vida para siempre.** La cantidad es decidida por el Espíritu Santo, pero normalmente no es mucha. Puede ser dinero u otras cosas. Es algo que honra a Dios y te alineará con alguien y su unción, llamado y dones.

- **DIEZMOS — pertenecen a Dios (la iglesia local).** Es una preparación para la abundancia. El diezmo es el 10 por ciento de todos tus ingresos y ganancias, y es como un "impuesto sobre la renta" del Reino. Pertenece a Dios y trae la protección y la preparación para que las bendiciones fluyan.

- **OFRENDAS — producen una cosecha del 30, 60, o 100 por uno de lo que siembras (¡en buena tierra!).** ¡Las ofrendas no sólo son dinero! Si siembras sillas, cosecharás sillas. *Si no nombras a tu semilla, cosecharás lo que siembres.* Tu decides cuánto y cuándo. Si Dios no pide algo por concreto, es un acto de gratitud y traerá una cosecha de lo mismo que hayas sembrado, a menos que tu hayas nombrado lo que quieres.

- **LIMOSNAS — Dado a los pobres y necesitados.** La Biblia dice que se debe dar limosna en secreto para no avergonzar a la persona que recibe. Dar limosnas es prestar a Dios, y Él te recompensará exactamente lo que des, € por € ($ por $).

Si tu ya estás viviendo por estos cuatro principios, debes estar súper bendecido! Si no es así, te sugiero que vuelvas a leer el capítulo 11 acerca de los obstáculos para una abundante vida de pacto.

Ahora vamos a meternos más a fondo en estas cuatro formas del pacto de dar, para ver si hay algo que necesitas modificar en la forma en que das a Dios y a los demás. ¡Estos son los ajustes necesarios para poder liberar bendiciones financieras en un nivel totalmente distinto!

LAS PRIMICIAS

- Las Primicias tienen que ver con *honrar a Dios.*

- Las Primicias *consagran a Dios las cosas que amas.*

- Las Primicias *te alinean* con la unción de la persona a la cual das. En otras palabras, te pones bajo la misma unción de la persona o el ministerio al que das.

Las Primicias en relación con el Pacto de Sangre del Nuevo Testamento: *" Si las **primicias** son santas, también lo es **la masa restante**; y si **la raíz** es santa, también lo son **las ramas**."* [santo y consagrado] (Romanos 11:16). *El primer fruto es santo* y santifica toda tu vida cuando tu *honras a* Dios con *la primera y mejor parte.*

Las primicias influirán todas las áreas de tu vida. Dios lo tratará como algo santo, precioso, y consagrado a Él. Lo que amas, lo santificas a Él. Tus finanzas son una sustancia espiritual que se transforman en una realidad. Las finanzas y el honor están entrelazados.

Proverbios 3:9-10 dice, *"Honra a Jehová con tus bienes, Y con **las primicias de todos tus frutos**; Y serán llenos tus graneros con abundancia, Y tus lagares rebosarán de mosto."*

Ezequiel 44:30 dice, *"**Y las primicias de todos los primeros frutos de todo**, y toda ofrenda de todo lo que se presente de todas vuestras ofrendas, será de los sacerdotes; asimismo daréis al sacerdote las primicias de todas vuestras masas, para que [**Causa**] repose la bendición en vuestras **casas**."*

Causa = el resultado de dar primicias

Repose = detenerse o quedarse de manera permanente (para siempre)

Casa = tú y las generaciones que vengan detrás de ti

Dando tus primicias se trata de dar lo primero y lo mejor, no se trata de dar un montón. Dando las primicias traerá bendiciones sobre tus hijos por las generaciones venideras—para siempre!

Damos las primicias al sumo sacerdote (Antiguo Testamento) o a un apóstol o ministerio apostólico (Nuevo

Testamento). Jesús es nuestro Sumo Sacerdote y Apóstol (Hebreos 3: 1).

La Cosecha de la Primavera

Los judíos tenían y aún tienen dos importantes cultivos de primavera, la cebada y el trigo, pero en el antiguo Israel ninguno de los granos se podía comer hasta que se hubiera ofrecido la primicia del grano. Esto sucedía después del primer Sabbat de la Fiesta de los Panes sin Levadura en marzo/abril. Esto coincide con La Pascua (La Semana Santa). Los judíos tomarían una canasta de grano de la primera cosecha, que es la cebada, y la consagraban a Dios; la ofrecían para honrar a Dios y mostrar gratitud.[1] No era una gran cantidad, una gavilla es una pequeña cesta de mano.

> *Y habló Jehová a Moisés, diciendo: Habla a los hijos de Israel*
> *y diles: Cuando hayáis entrado en la tierra que yo os doy,*
> *y seguéis su mies, traeréis al sacerdote una **gavilla** por*
> *primicia de los primeros frutos de vuestra siega. No comeréis*
> *pan, ni grano tostado, ni espiga fresca, hasta este mismo día,*
> *hasta que hayáis ofrecido la ofrenda de vuestro Dios; estatuto*
> *perpetuo es por vuestras edades en dondequiera que habitéis.*
>
> ### Levítico 23:9-10,14

El Pentecostés llega 50 días más tarde al igual que la segunda cosecha, que es la cosecha de trigo. Los judíos repiten el sacrificio de dar la primicia de la primera cosecha de trigo dado al sacerdote. La cosecha de trigo era siempre mucho más grande que la cosecha de la cebada.[2]

Hasta el día siguiente del séptimo día de reposo[e] contaréis cincuenta días; entonces ofreceréis el nuevo grano a Jehová. De vuestras habitaciones traeréis dos panes para ofrenda mecida, que serán de dos décimas de efa de flor de harina, cocidos con levadura, como primicias para Jehová.

Levítico 23:16-17

Los judíos pagan sus diezmos después de cosechar la totalidad. Como se puede ver claramente, los primeros frutos resultaron en enormes bendiciones para los judíos, en su próxima cosecha.

¿Sabes que? ... ¡lo mismo es cierto para ti y para mí hoy!

Vente conmigo a Jesucristo:

1. Jesús murió durante la Pascua, cortando el nuevo pacto de sangre, y resucitó al tercer día, el día después del día de reposo ¡*como la Primicia de Dios Padre* y la primera cosecha de almas!

2. Exactamente 50 días después llegó Pentecostés.

Hechos 2:2 nos dice que cuando el Espíritu Santo fue derramado, la primicia de Dios - Jesucristo - causó una cosecha de miles de almas (3.000 el primer día). Por desgracia, muchos cristianos han pagado fielmente sus diezmos durante años, sin embargo realmente no han visto la abundancia. Están protegidos y bendecidos, pero financieramente les falta. La primicia pueden ser el eslabón perdido. Es como perder un fusible en la cadena de fusibles, y la electricidad sólo funciona por la mitad del camino.

Jericó - la Primicia de la Tierra Prometida

Cuando los judíos comenzaron a conquistar la tierra prometida, Dios les mandó a que no tomasen ningún botín de Jericó, la primera ciudad. Ese botín pertenecía a Dios como la primicia. Dios hizo esto para poder bendecir al pueblo de Israel con abundancia en el resto de sus conquistas.

Mas toda la plata y el oro, y los utensilios de bronce y de hierro, sean consagrados a Jehová, y entren en el tesoro de Jehová.

Josué 6:19

La historia de Abraham sacrificando a su hijo Isaac (la primicia) se encuentra en Génesis 22: 1-19. Isaac fue el primer hijo legítimo, el hijo de Abraham por el que había estado esperando toda su vida. Dios esperó hasta que Isaac fuese un adolescente antes de ordenar a Abraham que lo sacrificara como ofrenda inmolada. Abraham obedeció *inmediatamente* (Génesis 22:3), sabiendo que, debido al pacto de sangre que él tenía con Dios, Dios tenía que rescatarlo o revivirlo después de haberlo sacrificado. La obediencia de Abraham resultó en abundancia espiritual y material para él y todas las generaciones después de él, incluso tú y yo.

DIEZMOS

El diezmo es el 10 por ciento de todos tus ingresos. Pertenece a Dios y es como un *impuesto* para el Reino de Dios. Te da todos los beneficios del Reino. Podemos disfrutar de la protección de Dios, su "Seguridad Social", etc.

El diezmo para el Reino de Dios es como el pago de impuestos a un gobierno secular, que proporciona los servicios públicos que se distribuyen, según sea necesario. En la mayoría de los países, nuestros impuestos proporcionan protección policíaca, carreteras, escuelas, atención médica, y así sucesivamente. Es lo mismo con el diezmo en el Reino de Dios. El diezmo nos pone bajo la protección de Dios. Es la preparación para mucho más.

Si *no* pagamos el diezmo, somos salvos, pero vivimos bajo una maldición financiera. Dios no puede darnos la abundancia que Él quiere darnos. El diezmo te alinea con la autoridad espiritual y la unción del lugar donde tu lo estés dando. La unción que está sobre tu iglesia local en la que pagas tu diezmo está también sobre ti.

Tal vez digas que el diezmo no es para hoy. Muchas personas creen que el dar el diezmo es algo que estaba bajo la ley. Eso está equivocado! El diezmo se inició 430 años *antes* que la ley fuese dada, cuando Abraham dio el diezmo a Melquisedec. Encontramos la historia en el Génesis 14.

y bendito sea el Dios Altísimo, que entregó tus enemigos
*en tu mano. **Y le dio Abram los diezmos de todo.***

Génesis 14:20

Entonces Jesús confirma el diezmo en el Nuevo Testamento:

!!Ay de vosotros, escribas y fariseos, hipócritas! porque
diezmáis la menta y el eneldo y el comino, y dejáis lo más
importante de la ley: la justicia, la misericordia y la fe.
Esto era necesario hacer, sin dejar de hacer aquello.

Mateo 23:23

Está diciendo a los fariseos que "sí; es correcto pagar diezmo, pero no te olvides de la justicia, la misericordia y la fe"

Las Promesas que vienen con el Diezmo

*"**Traed todos los diezmos** al alfolí y haya alimento*
*en mi casa; **y probadme ahora** en esto, dice Jehová*
de los ejércitos, si no os abriré las ventanas de los
cielos, y derramaré sobre vosotros bendición hasta
que sobreabunde. Reprenderé también por vosotros al
devorador, y no os destruirá el fruto de la tierra, ni

El Contrato de Éxito

vuestra vid en el campo será estéril, dice Jehová de
los ejércitos
Malaquías 3:10-11

Este es el único lugar en la Biblia donde Dios dice directamente: "Probadme".

El diezmo es la protección contra el enemigo. Algunos amigos míos estaban probando esto algunos años atrás. Miraron a sus ingresos, y estaban hablando de que si *no pagaban* el diezmo tendrían un 10% más de sus salarios.

Decidieron tratar de *no* pagar el diezmo por un par de meses. Más tarde me dijeron: Fue como si tuviésemos agujeros en nuestros bolsillos. Nuestra lavadora se rompió, uno de nuestros muchachos se rompió un diente y tuvimos una cuenta dental enorme, y varias otras cosas. La protección contra el enemigo no estaba allí.

Ellos comenzaron nuevamente a pagar los diezmos, muy rápido.

Otra cosa que confunde a la gente es que dicen que las primicias y el diezmo son la misma cosa. Esto no es así, mira 2 de Crónicas 31:4-5:

Mandó también al pueblo que habitaba en Jerusalén,
que diese la porción correspondiente a los sacerdotes y
levitas, para que ellos se dedicasen a la ley de Jehová. Y
cuando este edicto fue divulgado, los hijos de Israel
***dieron muchas primicias** de grano, vino, aceite, miel,*

y de todos los frutos de la tierra; **trajeron asimismo**
en abundancia los diezmos de todas las cosas.
2 Crónicas 31:4-5

¡Las Primicias y los diezmos son dos cosas diferentes!

Una cosa más sobre el diezmo que es interesante destacar:

Así hablarás a los levitas, y les dirás: Cuando toméis de
los hijos de Israel los diezmos que os he dado de ellos por
vuestra heredad, **vosotros presentaréis de ellos en**
ofrenda mecida a Jehová el diezmo de los diezmos.
Números 18:26

La iglesia local y los apóstoles pagan el *diezmo de los diezmos,* normalmente a los que los aconsejan espiritualmente o para un obra misionera.

LIMOSNA

Las limosnas son dadas a los pobres y necesitados. Las limosnas se deben dar en secreto, para no avergonzar al receptor. Un ejemplo excelente de dar limosna a los pobres se encuentra en Lucas 10:25, la parábola del Buen Samaritano, y Mateo 6:1-4 nos dice la forma correcta de dar limosna:

Guardaos de hacer vuestra justicia delante de los hombres, para
ser vistos de ellos; de otra manera no tendréis recompensa de
vuestro Padre que está en los cielos. Cuando, pues, des limosna,
no hagas tocar trompeta delante de ti, como hacen los hipócritas

*en las sinagogas y en las calles, para ser alabados por los hombres; de cierto os digo que ya tienen su recompensa. Mas cuando tú des limosna, **no sepa tu izquierda lo que hace tu derecha**, para **que sea tu limosna en secreto**; y tu Padre que ve en lo secreto te recompensará en público.*

Mateo 6:1-4

Promesa: Dios nos da exactamente lo que hemos dado. Euro por euro, dólar por dólar, pan por pan; exactamente lo que tu has dado, recibirás, a menos que "nombres a tu semilla" con algo distinto. Si siembras una bolsa de comida y necesitas un coche, nombra tu próxima cosecha, "coche".

OFRENDAS (SEMILLA)

Semillas u ofrendas, se dan por fe. Marcos 12:41-44 revela la ofrenda de la viuda pobre:

… Entonces llamando a sus discípulos, les dijo: De cierto os digo que esta viuda pobre echó más que todos los que han echado en el arca; porque todos han echado de lo que les sobra; pero ésta, de su pobreza echó todo lo que tenía, todo su sustento.(v.43-44)

Marcos 4:1-9 nos da la parábola del sembrador:

… Otra parte cayó en pedregales, donde no tenía mucha tierra; y brotó pronto, porque no tenía profundidad de tierra. Pero salido el sol, se quemó; y porque no tenía raíz, se secó. Otra parte cayó entre espinos; y los espinos

crecieron y la ahogaron, y no dio fruto. Pero otra parte
cayó en buena tierra, y dio fruto, pues brotó y creció, y
produjo a treinta, a sesenta, y a ciento por uno...(v.5-8)

Gálatas 6:7 es la versión original del dicho, "Quien siembra vientos, cosecha tempestades"

No os engañéis; Dios no puede ser burlado: pues todo
lo que el hombre sembrare, eso también segará.

A lo largo de la Biblia encontramos el principio de sembrar y cosechar. Promesa: Un retorno del 30, 60 o 100 por uno, ¡dependiendo de tu fe! Siempre siembra tu semilla en "buena tierra". Sembrar en tierra buena significa sembrar en otros dadores. Recuerda de nombrar siempre tu semilla - dile a Dios lo que quieres cosechar, y Él es fiel para proveértelo.

Como puedes ver, si tu esperas cosechar una vida de éxito abundante en el Reino, de acuerdo con las promesas del pacto de sangre en Cristo, el resultado depende en gran manera de tus negociaciones en Su economía bíblica.

Al leer este capítulo, ¿has encontrado cosas en tu vida que necesitan ser corregidas? Yo creo que sí amigo mío; corrige lo que tu necesitas corregir. Al igual que tu te has arrepentido y orado y corregido todos los otros obstáculos, ¡hazlo también con tus finanzas y tu economía, y empieza a correr en la abundancia de tu nueva vida libre!

Notas Finales

1. http://www.gci.org/law/festivals/harvest; visitada 23 de octubre 2014.

2. Ibid.

Capítulo 14

Resumen

P ara concluir este libro, me gustaría recordarte *todo lo que tienes y todo lo que eres*, a través de este pacto de sangre muy especial, eterno, y poderoso que Jesucristo ha acordado contigo.

Dios Padre te considera tan precioso y especial que decidió tomar la responsabilidad suprema por ti, como Líder y Creador de la humanidad. Él decidió limpiar todos los embrollos que Su creación había hecho.

Hace más de 6.000 años, el hombre fue creado y finalmente pecó, haciendo que todas las generaciones después de él fuesen contaminadas por la misma sangre, que ya no era pura. La relación estrecha con Dios quedó rota para siempre. La humanidad podría ser cubierta con la sangre de animales como una protección de Dios, pero la conexión cercana con Dios Padre fue quebrantada.

El pecado de la humanidad pasó por la sangre del padre al hijo y a la hija, de generación en generación, hasta nuestros días. El pecado es hereditario - hasta que haya arrepentimiento.

Dios escogió a Abraham hace más de 4.000 años. A través de la obediencia de Abraham, Dios pudo permitir que su propio Hijo tomase el lugar de la humanidad en el pacto de sangre. La humanidad fue puesta de lado, y Jesús cortó el pacto de sangre con el Padre - en nombre nuestro. En consecuencia, las maldiciones enunciadas en Deuteronomio 28 - bajo el pacto de Abraham, fueron negadas por la misericordia de Dios.

Sin tener el sacrificio de Jesús, como pecadores viviendo bajo el primer pacto de sangre que fue roto, tendríamos maldiciones cayendo sobre nosotros continuamente. Nos pasaríamos la eternidad en el infierno, si no hubiera sido por la tremenda gracia de Dios al sacrificar a su propio Hijo por nosotros, por ti y por mí.

Jesucristo vino a la tierra hace más de 2.000 años para completar la obra que Él comenzó hace 4.000 años con el Padre, en nombre de Abraham, y de toda la humanidad.

Por Su muerte en la cruz y Su resurrección, Jesús tenía el derecho de tomar nuestro pecado, maldiciones, y enfermedades, porque ya se hizo uno con la humanidad, en el pacto de sangre anteriormente hecho con Abraham. Jesús cortó un pacto de sangre eterno con Dios Padre una vez y por todas, con Su propia sangre, restaurando la comunión y la relación entre la humanidad y el Padre.

Cualquiera de los dos, Jesús o Abraham/humanidad, podrían coger la pena de muerte en la cruz, por romper el pacto con Dios desde el principio. ¡Pero fue Jesús quien lo hizo! ¿No te alegra esto? ¡Sí!

Dios Padre eligió dejar que Jesús recibiese la pena de muerte y el juicio por nosotros. Todas las maldiciones de Deuteronomio 28:15-68 desde el pacto de Abraham, fueron puestas sobre Él, además de todos los pecados y maldiciones de toda la humanidad, que había pecado a través de la historia, pasado, presente y futuro.

La *copa* a la que se refería Jesús cuando oraba en Getsemaní contenía *todas estas maldiciones y mucho más.* Todo lo cual sería puesto sobre Él como nuestro sustituto en la cruz, y Él lo entendió. Jesús era inocente, ya que tiene la sangre pura de su Padre corriendo por sus venas, Él nunca pecó. Él fue el sacrificio perfecto - sin mancha - para ser ofrecido por la humanidad pecadora.

No sólo tomó Él nuestros pecados, pagó nuestras deudas a Dios, llevó nuestras enfermedades y cargas reconciliándonos con el Padre, Jesús también eliminó todas las maldiciones que fueron el resultado del pacto que fue roto con Dios, por los primeros seres creados - Adán y Eva.

El Nuevo Pacto en Jesucristo que se describe en el libro de Hebreos capítulo 20 *¡no contiene maldiciones!* ¡Este es el primer pacto de sangre en la historia que *sólo contiene bendiciones!* Tenemos un increíble Señor y Salvador.

Cada pacto de sangre hebreo tenía bendiciones y maldiciones —bendiciones por mantenerlo y maldiciones por quebrantarlo. En Deuteronomio capítulo 28, hallamos las bendiciones y maldiciones del pacto de Abraham. Los versículos 1-15 enumeran las bendiciones y los versículos 15-68 enumeran las maldiciones.

Lo siguiente es un ejemplo de las maldiciones que deberían haber sido para nosotros en Deuteronomio 28, pero que fueron cancelados por el amor de Cristo:

Deuteronomio 28:61 dice:

> *"Asimismo toda enfermedad y toda plaga que no está escrita en el libro de esta ley, Jehová la enviará sobre ti, hasta que seas destruido."*

Todas las maldiciones han sido canceladas, *por lo que ahora tenemos que leerlo así:*

> *Asimismo toda enfermedad y toda plaga que **NO está escrita en el libro de esta ley** [la biblia], **han sido canceladas por Jesucristo, y somos sanados** de **todas las enfermedades** que nos atacan!*

Entre las enfermedades que no constan allí, hay el SIDA, el cáncer, el Ebola, y una gran cantidad de nuestras enfermedades y plagas "modernas".

Resumen

Estimado lector, si tu eres un hijo de Dios, apodérate de esta revelación de *lo que es tuyo* y lo que fue comprado para ti con un precio tan terrible. Compruébate a ti mismo, tu vida, y tus caminos. ¡Asegúrate de que te arrepientes y cambias todo lo que puede mantenerte lejos o te impida, entrar por completo en el poder y la autoridad del pacto de sangre, que tienes en Cristo Jesús! Tu tienes más poder en tu dedo meñique que todos los poderes de las tinieblas combinados.

Tienes que creer para tener una vida abundante y exitosa en Cristo, llena de paz y gozo. Esto es lo que la Biblia llama "ocupándonos en nuestra salvación," esperando "correr" de gloria en gloria, ¡para ir de lo bueno - a mejor - y hasta lo mejor!

Si tu has leído este libro y todavía no eres "nacido de nuevo" o salvo, el ser un hijo de Dios perteneciendo a Jesús, constituye lo mejor de lo mejor. ¡He aquí tu oportunidad!

En el libro de Romanos leemos:

"que si confesares con tu boca que Jesús es el Señor, y creyeres en tu corazón que Dios le levantó de los muertos, serás salvo. Porque con el corazón se cree para justicia, pero con la boca se confiesa para salvación."
Romanos 10:9-10

Si crees que este pasaje de la Escritura es verdad, por favor ora esta oración conmigo:

Padre Dios, siento el haber pecado y haberte entristecido. Te pido que por favor, perdones todos mis pecados. Creo en mi corazón que

El Contrato de Éxito

Jesucristo murió por mí y ha resucitado de entre los muertos.
Te recibo ahora a Ti, Jesús, como mi Señor y Salvador. Amén.

Si has orado esta oración, ¡felicitaciones! Acabas de ser salvo y has entrado en el pacto de sangre con Cristo. Ahora eres un hijo de Dios y un heredero en el Reino de Dios. Por favor, ponte en contacto con nosotros para obtener un regalo.

Si ya eres un hijo de Dios y estás en el camino al cielo, espero que puedas tomar una decisión firme hoy, ¡para comenzar a funcionar en la autoridad y el poder que tienes el derecho de recibir! Deja que el Espíritu Santo te ayude a madurar en todos los ámbitos de tu vida, y empieza a usar los dones y la unción que te han sido dadas por Dios, de una manera aún mayor. Mi oración es que después de haber leído este libro, seas una gran bendición y una herramienta más poderosa en las manos del Señor, que te ayudará a traer a muchas personas al Señor.

Si tienes alguna pregunta, o quieres saber más sobre nosotros, o sobre el ministerio de sanidad y restauración emocional, por favor ponte en contacto con nosotros.

Me alegraría mucho poder hablar contigo.

Sobre la Autora

Dra. Elin Riegel tiene más de 20 años de experiencia en negocios y 19 años en el ministerio como ministra ordenada.

Tiene un Master en Liderazgo Cristiano y un Doctorado en Ministerio además de varios cursos seculares de liderazgo.

En 1989 tuvo un encuentro personal con Dios y fue nacida de nuevo.

Entonces en 1990, Dios la llamó a ir a una Escuela Bíblica, y ella renunció a su posición como empresaria en una compañía de muebles con una facturación mayor a $ 30 millones al año. Dejó un trabajo que incluía viajar por todo el mundo.

Después de terminar 2 años de estudios Bíblicos en Rhema Bible Training Centre en Tulsa, Oklahoma, volvía a Noruega donde ayudaba a la organización de una compañía nueva.

En 1996 fue a España y empezó World Impact Ministries que hoy lleva Institutos Bíblicos en varios lugares y que tiene estudiantes online y presenciales en todo el mundo.

Por Destiny College en EEUU, World Impact Ministries ofrece un Master en Liderazgo Cristiano.

Casi desde el principio empezó a estudiar el pacto de sangre, y desde 1990 estaba activa en el ministerio de sanidad interior en su iglesia local.

Más adelante, el Señor añadía más y más entendimiento sobre sanidad interior, y hoy ha ministrado sanidad interior en varios países del mundo.

Dra. Elin Riegel es la presidenta y la fundadora de ICCC España (Cámara de Comercio Cristiana Internacional) una red global de Negocios Cristianos que hoy existe en más de 65 países.

Dios realmente ha puesto el ministerio al Mercado Laboral en su corazón, y ahora es la responsable de levantar cámaras para ICCC en todos los países Latinoamericanos.

Dra. Elin Riegel tiene dos hijas que están casadas y 4 nietos. Sigue viajando alrededor del mundo o por sanidad interior, o por el instituto Bíblico o por ICCC.

Sobre la Autora

Información de contacto

Dr. Elin Riegel

World Impact Ministries

Buzón 79 Sierra de Altea

03599 Altea (Alicante)

Spain

Correo electrónico: info@wiministries.com

Teléfono: + 34 965 84 85 84

Web: www.wiministries.com

www.ingramcontent.com/pod-product-compliance
Lightning Source LLC
Chambersburg PA
CBHW051835090426
42736CB00011B/1811